KB178793

_____ 학교 ____ 학년____반_____ 의 책이에요.

신나는 교과 체험학습 시리즈 이렇게 활용하세요!

'체험학습'이란 책에서나 수업 시간에 배운 지식을 실제 현장에서 직접 경험해 보는 공부 방법이에요. 단순히 전시된 물건을 관람하거나 공연을 보는 것이 아니라 학습을 하기 전에 미리 필요한 정보를 조사하는 것까지를 포함한 모든 활동을 의미해요. 어떻게 공부할 것인지를 준비하면 그렇지 않은 경우보다 훨씬 더 많은 것을 보고 느끼게 되겠지요. 이 책은 체험학습을 하려는 어린이들에게 좋은 길잡이 역할을 할 거예요.

❶ 가기 전에 읽어 보세요

이 책은 체험학습 현장을 어린이들이 쉽게 이해할 수 있도록 풀이한 안내서예요. 어린이들이 직접 체험학습 현장을 찾아가는 데 필요한 정보가 들어 있어요. 체험학습 현장을 가기 전에 꼼꼼히 읽어 보세요.

❷ 현장에서 비교해 보세요

오랜 역사와 신비로운 자연이 살아 숨 쉬는 울릉도와 독도의 모습을 사진과 함께 자세하게 설명해 놓았어요. 우리나라의 영토인 울릉도와 독도를 돌아보며 우리 땅의 소중함을 느껴 보아요.

❸ 스스로 활동해 보세요

이 시리즈는 단지 지식을 전달하기 위한 교양서가 아니에요. 어린이 여러분이 교과서로 수업 시간에 배운 내용을 실제 현장에서 직접 체험하며 익힐 수 있도록 다양한 활동 내용을 담았지요. 책 중간이나 뒷부분에 이해를 돕기 위한 활동이 있으니 꼭 스스로 정리해 보세요.

❹ 견학 후 활동이 다양해요

체험학습 후에는 반드시 여러 가지 활동을 해 보세요. 보고서 쓰기, 신문 만들기, 그림 그리기 등 다양한 활동을 통해 체험학습에서 보고 들은 내용을 다시 한번 정리하면 알찬 체험학습이 될 거예요.

신나는 교과 체험학습 70

신비롭고 소중한 우리의 섬 **울릉도와 독도**

초판 1쇄 발행 | 2008. 10. 16.
개정 2판 4쇄 발행 | 2023. 11. 10.

글 김한승, 이재완 | **그림** 민경미, 권성환

발행처 김영사 | **발행인** 고세규
등록번호 제 406-2003-036호 | **등록일자** 1979. 5. 17.
주소 경기도 파주시 문발로 197(우10881)
전화 마케팅부 031-955-3100 | 편집부 031-955-3113~20 | 팩스 031-955-3111
사진 양영훈 김한승 김철환 독도본부 울릉군청 엔싸이버

값은 표지에 있습니다.
ISBN 978-89-349-9198-4 64000
ISBN 978-89-349-8306-4 (세트)

좋은 독자가 좋은 책을 만듭니다. 김영사는 독자 여러분의 의견에 항상 귀 기울이고 있습니다.
전자우편 book@gimmyoung.com | 홈페이지 www.gimmyoungjr.com

어린이제품 안전특별법에 의한 표시사항
제품명 도서 제조년월일 2023년 11월 10일 제조사명 김영사 주소 10881 경기도 파주시 문발로 197
전화번호 031-955-3100 제조국명 대한민국 ⚠주의 책 모서리에 찍히거나 책장에 베이지 않게 조심하세요.

신비롭고 소중한 우리의 섬

울릉도와 독도

글 김한승, 이재완 그림 민경미, 권성환

주니어김영사

차례

울릉도와 독도에 가기 전에

울릉도와 독도는 우리나라 동쪽 끝, 동해 한가운데 떠 있는 작은 섬이에요. 육지와 멀리 떨어져 있을 뿐만 아니라 바다 속에서 화산 폭발이 일어나 생겨난 이 섬들은 우리나라 어디에서도 볼 수 없는 독특한 생태계와 문화를 간직하고 있어요.

특히 독도는 일본의 야욕으로 아직까지 영토 분쟁이 끊이지 않아 우리의 마음을 안타깝게 하고 있어요.

자, 그럼 이제부터 우리가 관심을 가지고 지켜야 할 울릉도와 독도로 함께 여행을 떠나 보아요.

미리 준비하세요

준비물 필기도구, 카메라, 시계, 긴팔 옷, 멀미약, 《울릉도와 독도》 책

도동항
동해의 섬에 있는 가장 큰 항구예요.
주민들의 생활필수품과 오징어 수송에 중요한 곳이지요.

가는 방법

 ## 울릉도 가는 뱃길

육지에서 울릉도로 가려면, 반드시 배를 타야 해요. 울릉읍 도동항까지 가는 배는 두 곳(포항 여객선 터미널과 묵호 여객선 터미널)에서 출발해요.

운항로	선박 이름	육지발	울릉도발	소요 시간	요금
포항 ↔ 울릉	썬플라워호	09:40	14:40	3시간	58,800
묵호 ↔ 울릉	씨플라워호	08:45	17:30	3시간 내외	49,000
	오션플라워호	10:00	17:30	3시간 내외	49,000

* 요금은 출항. 성인 기준임.

- 포항 여객선 터미널을 이용할 경우 운행 요금에 여객선 터미널 이용료 1,500원을 추가해야 해요.
- 울릉도에서 출발하는 선박의 운행 시간은 변경될 수 있으니 꼭 미리 확인하고 가세요.

독도 가는 뱃길

운항로	배 이름	울릉도발	독도발	소요 시간	요금
울릉 ↔ 독도	씨플라워호	수시 운행		4시간	45,000
	한겨레호			3시간 내외	45,000
	삼봉호	07:00	10:40	2시간 내외	41,200
		14:30	17:40		

- 독도에 들어가기 위해서는 적어도 14일 전에는 섬에 들어가는 신청서를 작성해서 울릉군에 제출해야 해요.
- 독도 가는 배는 관광객 수가 너무 적으면 운행이 취소될 수 있어요.
- 기상 여건에 따라 독도에 가는 것이 어려울 수도 있어요.
- 독도 방문은 1회 470명, 1일 1880명으로 제한하고 있어요.

한눈에 보는 울릉도와 독도

《울릉도와 독도》는 일주 도로를 따라 울릉도의 해안가를 중심으로 섬을
한 바퀴 돌아본 뒤 울릉도 한가운데 있는 성인봉과 나리 분지를 살펴보도록
구성했어요. 독도에 대해서는 독도가 가진 의미와 역사를 알아보도록
꾸몄어요. 특별하고 소중한 우리 섬, 울릉도와 독도의
어제와 오늘 그리고 미래를
함께 느껴 보아요.

공암
(코끼리바위)

주상 절리로 둘러싸인
코끼리바위예요.

송곳바위

태하등대

현포리

현포 고분

태하황토굴

울릉도에 많은 양의 황토가 있어서,
조선 시대에는 왕에게 바치기도 했어요.

태하리

너도밤나무군락

서면

남양리

1 관광지 분위기를
한껏 느낄 수 있는 활동적인 코스

도동 ➡ 내수전 일출 전망대
➡ 봉래폭포 ➡ 약수공원 ➡ 도동, 저동항 야경

울릉도에서 관광지로 가장 잘 개발된
지역을 둘러보는 코스예요. 울릉도를 대표하는
볼거리, 먹을거리가 풍부하지요.

남서리

비파산
우산국 우해왕의
사랑 이야기가
서려 있는 곳이에요.

우해왕과 이사부의
마지막 전투에 얽힌
이야기가 담겨 있어요.

2 자연과 함께 하는 생태 체험 코스

북면 ➡ 나리 분지 ➡ 성인봉
➡ 도동 ➡ 행남 해안 산책로

자연 생태계가 잘 보전된 나리 분지,
성인봉 일대를 체험하는 코스예요.

사자바위   투구봉

통구미

남양
몽돌해변

3 독도와 함께 하는 애국심 고취 코스

약수공원 ➡ 독도 ➡ 행남 해안 산책로

우리 땅 독도의 소중함을 알 수
있는 뜻깊은 코스예요.

거북바위

거북바위의 모습이 거북이가
마을을 향해 기어가는 모습과
같다고 해서 '통구미'라는 지
명이 붙여졌어요.

4

송곳처럼 뾰족하게 생겼다고 하여
'송곳바위'라고 불려요.

하늘로 올라가지 못한
세 선녀의 이야기가 전해져요.

삼선암

죽암
몽돌해변

추산
몽돌해변

석포

관음도
옛날 해적의 소굴이었다는 관음도는
깍새가 많아 '깍새섬'이라고도 불려요.

천부리   죽암

북면

일주도로 미개설 구간 옛길
이곳은 아직 해안 일주 도로가
개설되지 않아서 옛길의 모습을
그대로 느낄 수 있어요.

죽도
대나무가 빼곡히 들어차 있어서
'대나무 섬'이라는 이름이 붙었어
요. 죽도는 울릉도의 주변 섬들
중에서 가장 큰 섬이에요.

나리 분지

울릉국화, 섬백리향
군락지

울릉도에서 가장 넓은
유일한 평지예요.

성인봉

울릉도에서 가장 높은 곳으로
산의 모양이 성스럽게 생겼다고 해요.

성인봉 원시림

봉래폭포
울릉도 최고의 볼거리예요.

내수전 몽돌해변

'김내수'라는 사람이 개척한 곳이어서
내수전이라는 이름이 붙여졌어요.

내수전

저동항

울릉도 어업의 중심지예요.

풍혈
한여름에 천연
에어컨의 역할을
해요.

촛대바위

아버지와 딸의
슬픈 이야기가 서린 바위예요.

울릉읍

도동리   저동리

도동행남등대

독도박물관

약수공원

행남 해안 산책로

사동리

흑비둘기
서식지

사이다 맛이 나는 울릉도의
약수가 이곳에서 샘솟아요.

사동항
울릉도를 대표할 새로운
항구가 만들어지고 있어요.

도동항
여객선 터미널

울릉도에 도착했을 때
처음 발을 내딛는 곳이에요.

독도

관광객들이 갈 수 있는
곳이에요. 선착장과 등대,
경비 초소 등이 있어요.

동도

구 자생지

동구미
콩돌해변   가두봉등대

서도
관광객들은 갈 수 없는 곳이에요.

신비롭고 소중한 울릉도와 독도

우리나라 지도를 펼쳐서 울릉도와 독도를 찾아본 적이 있나요? 한반도의 동쪽 끝에 떨어져 있는 작은 섬이기 때문에 주의해서 보지 않으면 어디 있는지 잘 찾을 수 없지요. 게다가 교통편이 배밖에 없어서 3~4시간 동안 배를 타고 가야 하기 때문에 쉽게 찾아가기도 어려워요.

하지만 이렇게 멀고, 가기도 힘든 울릉도와 독도가 우리에게 낯익게 다가오는 이유는 무엇일까요? 울릉도는 우리가 즐겨 먹는 오징어와 호박엿으로 유명해요. 뿐만 아니라 화산 폭발로 만들어진 웅장한 산세와 기암괴석*들, 그리고 오염되지 않은 깨끗한 자연환경을 지닌 신비의 섬으로 해마다 20만 명이 넘는 관광객들이 찾아요.

아름다운 현포항의 모습이에요.

한편, 독도는 삼국 시대 이전부터 울릉도와 함께한 우리 민족의 생활 터전이에요. 과거 황금 어장으로 유명했던 독도의 주변 바다는 최근에 메탄 하이드레이트*, 심층수* 같이 소중한 자원이 풍부한 것으로 확인되면서 경제적으로 더욱 각광을 받고 있어요. 하지만 일본은 100년 전에 우리의 주권을 빼앗았을 때부터 독도가 일본에 속하게 되었다고 계속 억지를 부리고 있어요. 독도가 우리에게 얼마나 소중한 곳인지, 그리고 독도를 지켜내기 위해 우리가 해야 할 일은 무엇인지 함께 알아보도록 해요.

* 기암괴석 : 기이하게 생긴 바위나 돌을 일컫는 말이에요.
* 메탄 하이드레이트 : 이른바 '불타는 얼음'으로 불리는 고체 천연가스를 말해요. 메탄 하이드레이트는 녹으면서 물과 메탄가스를 발생시켜 효용 가치가 큰 미래 청정 자원으로 주목받고 있어요.
* 심층수 : 수심 200미터 아래의 깊은 바다에 있는 물이에요.

바다 위에서 바라본 독도의 모습이에요.

울릉도의 지리와 역사

나무만 보면 숲을 볼 수 없고, 숲만 보면 나무를 볼 수 없다는 말이 있어요. 한 부분만 자세히 살피면 전체적인 흐름을 알기 어렵고, 전체적으로 큰 흐름만 보려고 하면 부분을 알기 어렵다는 뜻이에요. 그러면 숲과 나무를 동시에 보기 위해서는 어떻게 해야 할까요? 먼저 숲을 본 다음에 나무를 하나하나 살핀다면 숲과 나무를 동시에 볼 수 있을 거예요.

울릉도 체험학습도 이와 마찬가지예요. 울릉도에 가기 전에 지리와 역사에 대해 알아두면 좀 더 쉽고 친근하게 다가오겠죠? 우선, 울릉도의 지리에서는 탄생 과정과 전체적인 생김새를 알아보고, 앞으로 여행할 코스를 살펴볼 거예요. 또 우리나라의 다른 지역과는 매우 다른 울릉도의 기후에 대해서도 알아볼 거예요. 특히 기후는 여행 전에 알고 준비하지 않으면 고생할 수 있으니 꼼꼼하게 살펴보도록 해요.

울릉도의 역사에서는 언제부터 사람이 살았고, 육지와 멀리 떨어진 곳에서 사람들이 어떻게 살아가는지에 대해 알아볼 거예요. 특히 시대별로 울릉도는 육지와 어떤 관계를 맺으며 우리 역사의 한 부분이 되었는지, 우리 조상들이 현재의 울릉도를 만들기 위해 얼마나 많은 노력과 희생을 했는지 살펴보아요.

우데기

일제 강점기 때의 도동

현재의 도동

울릉도의
푸른 바다가 보여요!

저동항
오징어가 많이 잡히는 울릉도 어업의 중심지예요.

절경을 간직한 울릉도의 지형

울릉도는 동해안에서 직선 거리로 130킬로미터 정도 떨어져 있어요. 이 거리는 서울-대전의 거리와 비슷하고, 승용차로 달리면 2시간 가까이 걸리지요. 또한 울릉도를 둘러싼 주변 바다의 깊이는 남한에서 가장 높은 한라산의 높이보다도 더 깊어요. 이렇게 육지에서 멀고, 깊은 바다에 울릉도가 어떻게 생겨났을까요?

울릉도, 화산 폭발로 생겨나다

울릉도는 지금으로부터 약 250만 년 전에 바다 속의 화산이 폭발해서 만들어졌어요. 화산 폭발로 만들어진 또 하나의 섬인 제주도는 유동성이 큰 마그마가 천천히 흘러내려 생겨나서 완만한 산지 모양이에요. 하지만 울릉도는 끈적끈적하고 점성이 높은 마그마가 넓게 퍼지지 못하고 바닷물에 급속히 식으면서 수직으로 높게 쌓였어요. 그래서 울릉도는 해안선을 따라 솟아 있는 절벽이 거의 수직에 가까운 모양이지요.

유동성
액체와 같이 흘러 움직이는 성질을 말해요.

마그마
땅속 깊은 곳에서 땅의 열로 녹아 반액체로 된 물질을 일컫는 말이에요.

점성
차지고 끈끈한 성질이에요.

찰지게 뭉쳐 있는 밀가루 반죽을 바닥에 부어 보니 퍼지지 않고 쏟아진 모양 그대로 있네!

묽은 밀가루 반죽은 바닥에 퍼지는구나.

울릉도와 제주도가 어떻게 만들어졌는지 밀가루 반죽을 통해 실험해 볼 수 있어요.

여우의 얼굴을 닮은 울릉도

울릉도는 동서로 10킬로미터, 남북으로 9.5킬로미터 크기의 작은 섬이에요. 하지만 주변 바다의 깊이가 2000미터를 넘고 가장 높은 성인봉의 높이가 984미터니까 울릉도를 구성하는 화산체의 전체 높이는 3000미터가 넘어요.

울릉도의 대풍감, 섬목, 살구남, 가두봉, 구암을 꼭지점으로 잡고 선으로 이으면 오각형에 가까운 도형이 되지요. 자세히 보면 여우의 얼굴을 닮기도 했어요.

이 5각형을 연결하는 도로가 울릉도 해안 일주 도로예요. 울릉도의 해안 절경을 두루 감상할 수 있는 아름다운 도로랍니다. 하지만 내수전에서 석포 부분은 공사 중이에요. 앞으로 울릉도 해안 일주 도로가 다 완공되면, 둘레가 약 43킬로미터로 마라톤 풀코스(42.195킬로미터)와 거의 같아요. 이 도로가 완성되면 아름다운 동해를 배경으로 펼쳐지는 세계적 규모의 마라톤 대회를 볼 수 있을지도 몰라요.

대풍감

섬목

공사 중인 구간이에요.

살구남

구암

가두봉

화산체
화산이 폭발하여 이루는 원뿔 모양이에요.

절경
더할 나위 없이 훌륭한 경치를 말해요.

해안 일주 도로
울릉도 해안가를 감싸고 있는 해안 일주 도로예요.

특별함을 가진 울릉도의 기후

대륙의 영향을 많이 받는 한반도와 달리 동해 한가운데 뚝 떨어져 있는 울릉도는 바다의 영향을 많이 받아요. 그래서 육지에 있는 지역과는 기후의 특성이 달라요. 그래서 울릉도를 방문하기 전에 반드시 울릉도 기후의 특성을 잘 알아두어야 해요.

연교차가 적은 해양성 기후예요

울릉도는 바다의 영향으로 연교차가 작으며, 여름에는 시원하고 겨울에는 따뜻하지요. 겨울 기온도 영하로 떨어지지 않아 울릉도의 해안가에는 남해안에서 흔히 볼 수 있는 식물들이 많아요. 동백나무, 후박나무, 굴거리나무 등 아름다운 상록 활엽수가 울창한 숲을 이루고 있는가 하면, '우산녹차'라는 녹차가 재배되고 있어요.

연교차
일 년 중 가장 더운 달과 가장 추운 달의 기온과 습도 등의 차이를 말해요.

상록 활엽수
사계절 내내 잎이 푸른 활엽수를 뜻해요.

계절별 강수량이 비슷해요

북서풍은 절벽이나 산맥에 부딪히면서 비나 눈을 내려요.

울릉도의 연평균 강수량은 전국 평균과 비슷하지만, 눈과 비가 오는 날이 우리나라에서 가장 많아요. 다른 지역보다 눈과 비가 많이 오는데 어떻게 강수량은 비슷한 것일까요?

다른 지역은 장마와 태풍이 찾아오는 여름에 비가 집중적으로 내리는 반면, 울릉도는 육지보다 비교적 고르게 비가 내리기 때문이에요. 그리고 울릉도는 겨울 강수량이 육지보다 많아요. 이는 바다를 가로지르며 많은 수증기를 품게 된 차가운 북서풍이 울릉도 해안 절벽에 부딪히면서 눈을 뿌리기 때문이에요. 그래서 울릉도는 우리나라에서 겨울에 눈이 가장 많이 오는 지역으로 손꼽혀요.

울릉도는 바다로 둘러싸인 섬으로, 바람을 막아 줄 큰 산이 없어요. 그래서 바람이 많이 분답니다.

바람이 많이 불어요

예로부터 울릉도는 물, 돌, 바람, 미인, 향나무가 많아 울릉오다(鬱陵五多)라고 불렸어요. 실제로 울릉도는 전국에서 바람이 가장 많이 부는 곳으로 꼽혀요.

지난 2003년에는 울릉도를 강타한 태풍 매미의 영향으로 산사태가 발생했어요. 유일한 교통로가 막혀서 울릉도 주민들은 매우 불편한 생활을 해야 했지요. 이렇게 도로가 끊어지는 것을 막기 위해 울릉도에서는 곳곳에 터널을 만들어 두었어요.

또한 태풍이 오면 울릉도와 육지를 잇는 배편이 며칠씩 끊기기 때문에 관광객들이 육지로 나오지 못해 발을 동동 구르기도 한답니다.

울릉도 호박엿이 유명한 이유는?

울릉도는 토양이 비옥하고 기후가 온화해서 키우는 작물마다 크고 맛이 좋아요. 단, 과일은 강한 바람 때문에 꽃잎이 쉽게 떨어져 열매를 잘 맺지 못해 재배하기 힘들어요. 하지만 호박은 울릉도의 토양과 특히 궁합이 잘 맞아 심기만 하면 20킬로그램이 넘는 큰 호박으로 자랄 뿐만 아니라 맛도 굉장히 달아요. 이렇게 크고 좋은 호박으로 엿을 만들기 때문에 울릉도 호박엿이 전국적으로 유명하게 된 거랍니다.

여기서 잠깐!

울릉도의 지형과 기후 특징을 알아보아요.

울릉도에 관한 설명으로 틀린 것은? (   )
① 울릉도는 강수량이 많고 계절별 기온의 차이가 작아요.
② 점성이 큰 마그마의 영향으로 해안 절벽이 많아요.
③ 한반도보다 오래전에 화산 폭발로 생겨났어요.
④ 바람과 태풍의 영향을 받기 때문에 종종 배편이 끊기기도 해요.

정답은 104쪽에

울릉도의 투막집과 일본의 갓쇼즈쿠리

눈이 많이 오는 곳에서는 지붕이나 집 주위에 쌓이는 눈 때문에 여러 가지 불편한 일들이 생겨요. 지붕에 가득 쌓인 눈의 무게가 무거워서 집이 무너지거나, 집 주위에 쌓인 눈 때문에 집 밖으로 이동하기가 힘들거든요. 우리나라의 울릉도나 일본의 시라카와고 마을은 눈이 많이 오는 곳이에요. 이곳에 사는 사람들은 눈이 많이 오는 기후에 잘 적응해서 살아가기 위해 자신들만의 독특한 집을 만들었지요.

자, 그럼 어디 한번 살펴볼까요?

✳ 투막집과 우데기

울릉도는 우리나라에서 눈이 가장 많이 오는 곳이에요. 눈이 가장 많이 쌓일 경우에는 3미터 이상 쌓이기도 하는데, 이만큼 눈이 내리면 집이 눈에 완전히 파묻히지요. 그럼 집이 무너져 버릴 위험이 높아요. 그래서 울릉도에서는 투막집을 지었어요.

투막집의 구조
너와 / 누름돌 / 마루대공 / 통나무 / 우데기 / 주춧돌 / 주춧돌 / 우데기

투막집과 우데기
투막집의 모습이에요. 외곽을 짚으로 둘러싸듯 엮은 것이 우데기예요.

주변 환경에 따라 집들의 생김새도 달라지는구나!

투막집은 위에서 보면 우물 정(井) 자 모양으로 통나무를 서로 엇갈려 쌓고, 통나무 사이사이에 난 틈에는 진흙을 메워서 벽체를 만들어요. 이렇게 만든 벽체는 세로로 기둥을 세운 것보다 훨씬 더 많은 무게를 견뎌낼 수 있지요.

투막집은 못을 전혀 사용하지 않고 통나무와 나무껍질로만 지어요. 창문을 만들지 않고, 방문은 사람이 드나들 수 있는 크기로 대나무를 엮어 만들지요.

울릉도에서 눈이 많이 쌓이면 3미터가 넘는다고 했지요? 이런 환경에서 화장실, 장독대, 곡식 창고 등이 집 밖에 있다면 어떨까요? 필요한 것이 생길 때마다 집 밖으로 눈을 헤치며 고생스럽게 다녀와야 할 거예요. 그래서 울릉도에서는 화장실, 장독대, 곡식 창고 등 생활에 꼭 필요한 곳들을 투막집의 처마 밑을 따라서 기둥을 세우고 모두 우데기로 둘러싸요. 그러면 눈이 펑펑 내리더라도 모두 우데기 안에서 해결할 수 있지요.

✳ 갓쇼즈쿠리

우리나라의 울릉도와 같이, 일본에도 세계적으로 눈이 많이 오기로 꼽히는 곳이 있어요. 이곳에 사는 일본 사람들은 어떻게 집을 짓고 살까요?

일본의 시라카와고 마을은 세계 문화유산으로 등재된 곳이에요. 바로 갓쇼즈쿠리 양식이라고 불리는 독특한 집 때문이지요. '갓쇼즈쿠리'라는 말은 '합장*하는 모양'이라

갓쇼즈쿠리
눈이 쌓이지 않도록 지붕을 경사지게 만든 집이에요.

는 뜻인데, 이 집의 지붕은 면적을 크게 해서 최대한 가파르게 만들었어요. 지붕을 이렇게 만들면 눈이 쌓이지 않고 미끄러져 내리지요.

갓쇼즈쿠리는 커다란 지붕 덕분에 집 앞에 발을 딛는 곳에는 눈이 쌓이지 않지요. 또한 보통의 집보다 다락방이 많아 다양한 용도로 쓰이고 있어요.

* 합장 : 두 손바닥과 열 손가락을 합한 것으로 본래 인도의 예법이에요.

한반도와 함께한 울릉도의 역사

돛단배와 나룻배를 이용해야 바다에 나갈 수 있었던 시절에 울릉도는 육지에서 위험을 무릅쓰고 며칠씩 배를 타야 갈 수 있는 곳이었어요. 운이 나쁘면 태풍을 만나 목숨을 잃기도 했지요. 이러한 울릉도에는 언제부터 사람들이 살았으며, 어떻게 살아왔을까요?

울릉도에는 언제부터 사람이 살기 시작했을까?

언제부터 울릉도에 사람이 살기 시작했는지 알려면 어떻게 해야 할까요? 학자들은 무덤이나 유물 등의 흔적을 찾아 사람들이 살았던 시기를 알아내요. 울릉도에서는 한반도와 같이 고인돌이 여러 곳에서 발견되었어요. 하지만 고인돌은 만들어진 시기가 수백 년에 걸쳐 있기 때문에 고인돌만으로 정확히 언제부터 울릉도에 사람이 살기 시작했는지 알기가 어려워요. 다만 학자들은 '기원전부터 울릉도에 사람이 살았을 수도 있겠다'라고 추측할 뿐이지요.

울릉도에서 발견된 유물의 경우, 가장 오래된 토기가 기원 후 1세기에 만들어진 것이라고 알려져 있어요. 학자들은 고인돌과 유물을 종합해서 기원 전후로 울릉도에 사람이 살았던 것으로 짐작하지요.

고인돌 이야기

고인돌은 거대한 돌을 이용해 만들어요.
땅 위나 땅 밑에 시신을 묻을 방을 만들고 그 위에 작은
돌들을 놓아요. 그러고는 맨 위에 큰 돌을 놓지요. 그래서
'고이다'라는 뜻이 '고인돌'이라는 순 우리말 이름으로 표현된 거예요.
우리나라의 고인돌은 기원전 1200년경부터 기원전 3세기경까지
만들어진 것으로 추정되지요. 그러므로 고인돌은
1000년 정도 우리나라에서 사용된 대표적인
무덤이라고 할 수 있어요.

삼국 시대, 우산국이 등장하다

3세기 중반, 풍랑에 떠밀려 울릉도에 다녀온 사람들의 경험을 통해 울릉도의 존재가 한반도에 알려지기 시작했어요. 기록에 의하면 당시 울릉도 사람들은 육지 사람들과 말이 통하지 않았고, 풍습도 달랐다고 해요. 울릉도에서는 7월이면 여자아이를 바다에 제물로 바치는 풍습이 있었다고 전해져요. 이처럼 울릉도는 한반도와는 다른 문화를 가진 사람들이 살고 있었어요.

3세기 중반이면 한반도에 삼국 시대가 열리던 시기로, 울릉도에는 우산국이 세워졌어요. 우산국은 강력한 해상 세력의 근거지로 성장했지요. 뛰어난 항해술을 바탕으로 한반도는 물론 멀리 일본과도 교류했으며, 대마도의 우두머리와 혼인 동맹을 맺을 정도로 영향력이 커졌지요. 하지만 우해왕 때 신라를 자극해 신라의 침입을 받았어요. 처음에는 해전에서 큰 승리를 거두어 우산국의 명성을 높였지요. 그러나 이사부 장군의 철저한 준비와 전략으로 우산국은 512년에 멸망하고 신라에 속하게 되지요. 이때부터 울릉도는 한반도 역사와 함께 지금까지 우리 땅으로 이어지게 되었어요.

제물
제사에 쓰는 음식물이나 희생물을 가리키는 말이에요.

동맹
서로의 이익이나 목적을 위해 동일하게 행동하기로 맹세하여 맺는 약속을 말해요.

울릉도에 관한 기록

울릉도에 관한 기록은 삼국 시대부터 나타나요. 이러한 옛 기록을 통해 울릉도에 살았던 사람들의 이야기를 엿볼 수 있어요.

《삼국지 위지 동이전》
옥저의 기로가 말하기를 "우리 백성이 언젠가 배를 타고 고기잡이를 하다가 바람을 만나 수십 일 동안 표류하다가 동쪽의 섬에 닿았는데 그 섬에 사람이 살고 있었으나 언어가 통하지 않았고, 그들은 해마다 칠월이 되면 소녀를 가려 뽑아서 바다에 빠뜨린다"고 하였다.

《삼국사기》
우산국이 스스로 복종하여 해마다 토산물을 바치기로 하였다. 우산국은 명주(지금의 강릉)의 바로 동쪽 바다 가운데 있는 섬으로 혹은 울릉도라고도 한다. 이사부가 우산인들은 어리석고 사나우므로 위력으로 복종시키기는 어려울 것으로 생각하고 계략으로 복종시키기로 하였다. 곧 나무로 사자를 많이 만들어서 배에 나누어 싣고 그 나라 해안에 이르러 거짓말로 "너희들이 만약 항복하지 않는다면 이 맹수를 풀어 모두 죽일 것이다"고 하였다. 그 나라 사람들이 무서워서 곧 항복하였다.

고려, 울릉도를 품다

신라 시대 이사부에 의해 멸망한 우산국은 나라를 잃고 고려에 속하게 되었어요. 이때부터 울릉도는 더욱 발전했어요. 고려 태조 왕건이 울릉도 사람에게 작위를 내리기도 하였지요. 또한 울릉도는 석불, 철종, 석탑 등을 건축할 만큼 수준 높은 문화를 누리고 있었어요.

울릉도는 동해 한가운데서 드넓은 동해를 무대로 활동하고 있었기 때문에 군사적으로 중요한 곳이었어요. 고려를 공격하는 적들은 울릉도에 군사 거점을 만들어 고려를 쉽게 공격할 수 있고, 다시 자신의 나라로 돌아갈 때도 고려의 기습 공격을 받지 않아 울릉도를 중요하게 생각했지요. 그래서 울릉도는 다른 나라의 침략을 많이 받았어요.

특히, 11세기 초에는 여진족의 침략으로 울릉도의 농민들이 한반도의 여러 곳으로 흩어져 울릉도 인구가 크게 줄었어요. 당시 고려의 조정에서는 큰 피해를 입은 울릉도에 농기구를 보내 주고 육지로 피난 온 주민들을 울릉도에 돌아갈 수 있도록 도와주었어요.

한편, 울릉도에서는 육지에서 구할 수 없는 좋은 약재와 목재가 생산되었기 때문에 고려 조정에서는 꾸준히 사람을 보내 관리했어요.

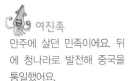

작위
가족의 서열을 나타내기 위에 주어지는 칭호예요.

여진족
만주에 살던 민족이에요. 뒤에 청나라로 발전해 중국을 통일했어요.

고려 태조 왕건은 여진족과 왜구의 침입을 막기 위해 울릉도 사람에게 작위를 주었어요.

조선 태종, 울릉도를 비우는 정책을 실시하다

조선 시대 때의 울릉도는 강원도의 일부 지역으로 포함되어 있어서 강원 관찰사의 관리를 받았어요. 하지만 조정에서 울릉도를 관리하기는 쉽지 않았어요.

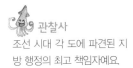

관찰사
조선 시대 각 도에 파견된 지방 행정의 최고 책임자예요.

울릉도에 사는 백성들의 생업을 안정시키고, 그들로부터 조세를 거두어들이기 위해 섬을 자주 드나드는 것은 관리들에게 큰 부담이 되었지요. 배를 타고 가다가 태풍과 강한 바람을 만나 사고를 당하는 일이 많았거든요. 게다가 세금을 피해 울릉도로 도망가는 사람들이 늘어나자 조선 조정에서는, 울릉도에 많은 사람들이 살게 되면 왜구들이 약탈의 근거지로 삼을 수 있다고 우려했지요.

마침내 태종 17년(1417)에는 울릉도를 비우기로 결정했어요. 주민을 모두 육지로 이주시키고 관리를 울릉도에 주기적으로 파견해 순찰하게 하는 '수토 정책'을 실시했지요. 하지만 섬을 비운다는 것이 울릉도에 대한 통치를 포기했다는 뜻은 아니에요. 조선 시대에 편찬된 지리지에는 울릉도에 대한 다양한 정보들이 나타나요. 즉 조선 조정에서 울릉도를 꾸준히 관리하였다는 것을 엿볼 수 있지요.

순찰
여러 곳을 돌아다니며 사정을 살피는 것을 말해요.

지리지
일정한 지역의 지리적인 특성을 서술한 책이에요.

조선은 왜구의 침략을 막기 위해 수토 정책을 실시했어요.

섬을 비우는 것은 공도 정책일까? 수토 정책일까?

나라 사이에 영토 분쟁이 일어났을 때는 국제법상 어느 나라가 얼마만큼 계속적으로 이용해 왔는가를 입증하는 것이 매우 중요해요. 그래서 독도를 우리 땅으로 입증하기 위해서 독도와 가장 가까운 울릉도를 역사적으로 어떻게 관리했는지 조사해야 해요. 울릉도의 경우에는 조선 시대에 '섬을 비우는 정책'을 실시했어요. 흔히 '공도 정책'이라고 부르지요. 그러나 '빌 공(空)' 자에 '섬 도(島)' 자를 써서 '공도 정책'이라고 표현하기도 하는데, 이것은 옳지 않아요. 울릉도가 빈 땅, 버려진 땅이라는 그릇된 생각을 가져올 수 있거든요. 실제로 조선 조정에서는 왜구가 울릉도에 침입하는 것을 방어하고, 울릉도의 주민들을 관리하는 '수토 정책'을 실시했어요. 따라서 울릉도에 실시된 정책은 '공도 정책'이 아니라 '수토 정책'이라고 불러야 해요.

안용복! 울릉도와 독도를 지키다

　조선 숙종 때 어부 40여 명이 울릉도에 고기잡이를 나갔다가 일본 어부들과 충돌한 일이 있었어요. 이 과정에서 안용복과 그의 동료 박어둔이 일본으로 끌려갔어요.

　안용복은 일본의 장군들에게 여러 차례 심문을 받았어요. 안용복은 심문에도 굴하지 않고 울릉도와 독도가 조선의 영토임을 분명히 했고, 일본 어부들이 울릉도를 침범한 것과 자신이 끌려 온 것은 부당하다고 조목조목 따졌어요. 이에 에도 막부*는 안용복에게 울릉도와 독도가 조선의 영토임을 인정하는 문서를 써 주고 조선으로 돌려보냈어요. 그러나 안용복은 돌아오는 길에 대마도주에게 붙잡혀 에도 막부에게 받은 문서를 빼앗기고, 조선으로 돌아와서는 나라의 허락 없이 무단으로 국경을 넘은 죄인으로 몰려 조선의 동래부로 넘겨졌지요. 이때 대마도주는 "앞으로는 조선 어부들이 일본 영토인 울릉도와 독도에서 고기 잡는 것을 엄중히 금지해 달라"는 항의서까지 보냈어요.

　이런 일본의 행동을 보자 조선 조정에서도 강력하게 대응했어요. 울릉도와 독도가 조선 영토임을 강조하면서 일본인들의 왕래를 금할 것을 에도 막부에 요청함과 동시에 조선인 어부가 일본으로 납치된 사건의 부당성에 대해 강력하게 항의했지요.

우리 땅에서 고기를 잡다니······.

여기가 고기가 많이 잡히는 울릉도 바닷가군.

그러나 대마도주는 조선 조정의 뜻을 막부에 전달하지 않고 오히려 조선인이 울릉도와 독도 출입을 계속한다면 큰 전쟁이 일어날 것이라고 협박했어요. 이런 외교 논쟁은 1693년부터 1695년까지 3년이나 계속되었어요.

긴 논쟁 끝에 에도 막부는 1696년 1월, 울릉도와 독도가 조선의 영토임을 인정한다는 결정을 내리고 대마도주에게 그 사실을 전했어요. 그러나 대마도주는 막부의 결정 사항을 조선 조정에 전달하지 않았지요.

그런 상황에서 안용복은 1696년 봄에 다시 울릉도에 가서 그곳에 침입한 일본 어부들을 쫓아내고, 이후에도 독도에 남아 있는 일본 어부들을 크게 꾸짖어 쫓아냈지요. 그리고 안용복은 스스로 '울릉·자산 감세장*'이라는 깃발을 배에 내걸고 동료 11명과 함께 일본으로 건너가서 강하게 항의했어요.

마침내 1697년 2월, 대마도주는 울릉도와 독도의 조선 영유권을 인정하는 막부의 공식 문서를 조선 조정에 보냈어요. 이로써 울릉도와 독도에 대한 분쟁이 일단락되었어요.

* 에도 막부 : 일본의 도쿠가와 이에야스가 전국의 통치권을 장악하고 에도에 세운 정권을 말해요.
* 울릉·자산 감세장 : 울릉도와 독도에서 세금을 걷고 관리하는 사람을 말해요.

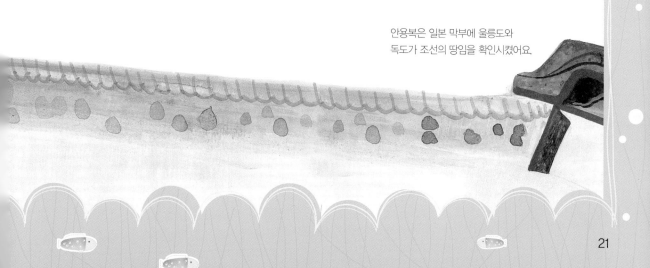

안용복은 일본 막부에 울릉도와 독도가 조선의 땅임을 확인시켰어요.

조선 후기, 백성들이 울릉도와 독도를 지키다

조선 시대 후기에 들어서자 잦은 전쟁을 겪으면서 울릉도에 대한 수토 정책이 잘 이루어지지 않았어요. 게다가 울릉도를 방문했다가 돌아오는 길에 풍랑을 만나 대부분이 익사하는 사고가 발생하자, 조선 조정은 울릉도에 대한 관리를 사실상 중지하게 되었어요.

울릉도에 대한 조선 왕조의 통치력이 약해지자 일본인들의 불법 침입이 점점 잦아졌어요. 울릉도에 자리 잡고 목재를 베어 가기도 하고, 아예 집을 짓고 해산물을 캐내기도 했어요. 심지어 울릉도를 다케시마, 독도를 마쓰시마라고 마음대로 이름을 바꿔 부르기도 했지요.

이러한 일본의 불법 침입을 막아낸 것은 백성들이었어요. 특히 안용복의 활약으로 울릉도와 독도가 조선의 영토로 인정되었지요. 그일 이후 조선 조정은 울릉도와 독도의 중요성을 깨닫고 다시 3년에 한 번씩 울릉도를 순찰하도록 했어요.

익사
물에 빠져 죽는 것을 말해요.

여기서
잠깐!

시대 순서를 알아맞혀 보세요.

다음 사건들을 시대 순서에 따라 번호를 적어 보세요. (　, 　, 　, 　)

① 고려 태조는 울릉도 사람에게 작위를 주었어요.

② 신라 장군 이사부가 우산국을 점령하였어요.

③ 수토 정책을 실시하였어요.

④ 안용복이 일본 막부로부터 독도가 조선땅임을 인정하는 문서를 받았어요.

☞ 정답은 104쪽에

고종, 울릉도 개척령을 내리다

울릉도의 수토 정책은 원칙적으로 3년마다 한 번이었지만 실제로는 수토가 늦춰지기도 했어요. 그래서 일본인들의 불법 침입도 다시 늘었지요. 이에 고종은 이규원을 보내서 울릉도에 사람들이 집을 짓고 살 만한 곳을 찾아보라고 명했어요. 현지 조사를 마치고 돌아온 이규원의 보고서를 토대로 1882년 '울릉도 개척령'이 실시되었어요.

조선 조정에서는 울릉도로 이주한 사람들에게 5년간 세금을 걷지 않고 세곡 운반선을 울릉도에서 만들도록 하며 개척을 장려했어요.

개척 초기 울릉도로 이주한 사람들은 대부분 농민들이었어요. 그들은 열심히 농사를 지었지만, 농지가 적고 자연환경이 달랐기 때문에 굶어 죽는 경우가 많았어요. 이때 개척민들의 목숨을 이어 준 것이 산마늘 명이와 깍새였대요.

그런데 물고기를 잡아 먹었다면 굶어 죽지 않았을 텐데 왜 당시 개척민들은 어업을 하지 않았을까요? 그들은 농사만 짓는 사람들로 어업 기술이 없었을 뿐만 아니라 어업을 상당히 천하게 생각했어요. 그래서 어업을 생업으로 삼지 않았다고 해요.

세곡 운반선
세곡으로 걷은 곡식을 운반하는 배예요.

개척
새로운 영역을 만들어 나가는 것을 뜻해요.

명이와 깍새

울릉도 개척민들의 삶이 어떠했는지 말해 주는 이야기가 있어요. 바로 명이와 깍새 이야기예요. 농사짓던 개척민들은 제대로 된 먹을거리를 구하기가 어려웠어요. 사람들은 깍새를 잡아먹으면서 겨울을 보냈어요. 깍새는 까치와 비슷한 새예요. 그리고 봄이 오자 산과 들에 돋은 산마늘을 뜯어 먹으며 끼니를 때웠어요. 그때 사람들의 목숨을 구해 준 고마운 산마늘을 '목숨을 이어 준다'라는 뜻의 '명이'라고 부르게 되었다고 해요.

명이(산마늘)

이규원! 울릉도를 다시 보다

1876년 개항 이후부터 울릉도에 몰래 들어와 나무를 베어 가거나 고기잡이를 하는 일본인들이 점차 늘어나기 시작했어요. 조선의 관리들은 일본이 울릉도를 호시탐탐 노리고 있다고 판단했지요. 고종 18년(1881)에 울릉도를 순찰하고 온 조선 관리들은 이러한 사실을 조정에 보고했어요. 이 소식을 들은 고종은 그해 이규원을 울릉도에 보내서 울릉도 개척을 위한 사전 조사를 하고 섬에 있는 일본인들과 울릉도에 새로운 행정 구역을 만들 만한 곳에 대해 조사하라고 일렀어요.

모두 102명으로 구성된 검찰사 이규원 일행은 섬 안과 해안을 조사한 뒤 '울릉도 검찰일기'를 기록했어요. 기록에 의하면 울릉도에 있는 사람은 조선인이 141명, 일본인이 78명이었고, 며 이규원이 만났던 일본인들은 울릉도의 나무를 베어 가기 위해 울릉도에 머무르던 사람들이었어요. 이미 울릉도 해안에는 나무를 다듬어 판재*를 만드는 곳이 여러 곳 있었지요. 심지어 일본인들은 울릉도를 일본 영토로 알고 있었어요. 울릉도에는 '일본국 송도'라는 푯말까지 있었지요.

그리고 울릉도에는 많은 조선인들이 살고 있었어요. 조선의 수토 정책에도 불구하고 울릉도는 남해안의 많은 어민들이 거주하며 또 하나의 삶의 터전이 되어 있었지요.

이규원은 고종의 명을 받아 '울릉도 개척령'을 집행했어요.

이규원은 더 이상의 수토 정책은 현실성이 없으며, 점점 잦아지는 일본인들의 침입을 막아야 한다고 생각했어요. 울릉도에 새로운 행정 구역을 만들고 조정에서 관리해야 한다고 판단했지요. 이규원은 곧 울릉도에 대한 보고서를 만들어 조정에 올렸어요. 그 보고서에는 새롭게 개척할 곳으로 사람들이 모여 살 만한 나리 분지가 적합하다고 기록되어 있어요.

1882년 조선 조정에서는 '울릉도 개척령'을 공포하였고, 1883년에 개척민들이 처음으로 울릉도에 이주했어요. 재미있는 것은 이규원의 보고와는 달리 개척민들은 오히려 나리 분지보다는 태하리나 현포리 주변에 정착했다는 점이에요. 나리 분지는 물이 지하로 스며들어서 벼농사를 하기가 힘들었기 때문이래요.

* 판재 : 널빤지로 된 건축물을 만들 때 쓰는 나무를 말해요.

수토 정책은 고종 때 완전히 끝나게 되었어요.

이규원이 울릉도에 갔을 때는 이미 많은 일본인들이 울릉도에 있었어요.

대한 제국
조선 고종 34년(1897) 황제국
으로 바꿔 부른 우리나라 이
름이에요.

망루
방어와 감시를 위하여 사방에
벽을 설치하지 않고 지은 건
물을 말해요.

고시
행정 기관이 어떤 내용을 알
리기 위해 글로 써서 알리는
것을 말해요.

일본, 집요하게 울릉도를 노리다

대한 제국의 힘이 약해지면서 일본의 침탈은 더욱 집요하고 조직적으로 전개되었어요. 1900년 대한 제국은 울릉도의 행정 구역을 울릉군으로 개편하고 군수를 파견했지만, 일본은 울릉도에 경찰을 파견하여 주민들을 강제로 데려가고 군수를 압박했어요.

1904년 러·일 전쟁이 시작되자 일본은 러시아 함대를 감시할 망루를 울릉도에 2개, 독도에 1개 설치하고 해군까지 주둔시키기에 이르렀지요. 이후 독도를 시마네 현 고시로 일방적으로 일본 영토로 편입시키고, 울릉도와 독도 주변에서 마구잡이로 고기를 잡고, 울릉도의 목재를 벌목하기 시작했어요.

1910년 일본이 강제로 조선을 병합하면서 울릉도에도 많은 일본인들이 들어오게 되었어요. 일본인들은 울릉도를 상당히 중요한 지역으로 여기고 일본과 울릉도, 부산을 잇는 삼각 모양의 뱃길을 만들기도 했어요. 또한 다른 지역과 달리 울릉도를 관할하는 단체장으로 행정 업무만 가진 군수 대신 경찰권까지 행사할 수 있는 도사를 두었어요. 그만큼 울릉도에 대한 수탈은 쉽게 이루어졌어요.

일제 강점기에 울릉도 사람들은 강제 노동에 동원되었어요. 심지어 일본의 악랄한 수탈로 굶어 죽는 사람까지 나왔어요. 많은 젊은이들이 강제로 전쟁터로 끌려가 죽기도 했지요. 그래서 일제 강점기에 울릉도에 사는 주민들의 수는 급격히 감소했어요. 그리고 지나친 벌목으로 생태계도 많이 파괴되었어요. 전쟁이 끝나고 일본 사람들이 돌아갈 때까지 울릉도 주민들의 고통은 심했답니다.

옛 도동의 모습

광복 이후 울릉도, 격동의 시기를 겪다

광복 이후 정부 수립 전까지 우리나라를 통치했던 미군정은 독도를 폭격기 연습장으로 지정했어요. 하지만 독도 주변에서 미역, 홍합, 전복을 캐며 살아가던 울릉도 주민들은 위험을 무릅쓰고 독도로 조업을 나갈 수밖에 없었어요. 그러던 중 독도로 조업을 나간 어민들이 미군 전투기의 폭격과 기관총 사격을 받아 죽는 일이 발생하기도 했어요. 1950년 한국 전쟁이 일어난 시기에는 육지로 연결된 뱃길이 끊겨 울릉도 주민들이 큰 고통을 받았어요. 식량과 생필품을 육지에서 가져와야 살아갈 수 있는 울릉도 주민들에게 뱃길이 끊긴 것은 전쟁 못지않은 큰 고통이었어요.

울릉도가 다시 일어나게 된 것은 1960년대 경제 개발 계획이 시작되면서부터예요. 정기선이 다시 운행되기 시작했고, 울릉도 일주 도로도 건설하기 시작했답니다. 1970년대에는 울릉도의 중심 항구인 도동항이 개발되고 쾌속선도 운행하게 되었지요. 저동항은 어업 전진기지로 지정되어 동해에서 가장 큰 항구가 만들어졌어요. 이런 노력으로 현재 울릉도는 수많은 관광객들이 찾는 곳이 되었답니다.

미군정
1945년 8월 15일부터 대한민국 정부가 세워질 때까지의 미군이 우리 정부에 관여한 것을 말해요.

조업
기계 등을 움직여 일하는 것이에요.

저동항
어업의 중심지인 저동항이에요.

울릉도의 중심 울릉읍

우리가 가장 먼저 둘러볼 곳은 울릉도에 도착했을 때 처음으로 발을 내딛는 울릉읍이에요. 울릉읍은 울릉도의 중심으로 울릉군청이 있는 도동리를 비롯해 저동리, 사동리, 독도리로 구성되어 있어요.

도동은 울릉도의 중심으로 성장한 곳이에요. 울릉도 대부분의 편의 시설이 이곳에 모여 있어요. 저동은 동해안 최대의 항구가 있을 뿐만 아니라 봉래폭포, 내수전 등 볼거리가 많아요. 죽도는 울릉도 주변의 섬들 가운데 유일하게 사람이 사는 섬으로 마치 탁자같이 생겼어요. 사동은 울릉도 어업의 중심지로 앞으로 발전할 가능성이 높은 곳이에요. 그럼 울릉읍으로 떠나 볼까요?

죽도
내수전
봉래폭포
저동항
울릉읍
약수공원
독도박물관
도동항
사동

행남 산책로

죽도

독도박물관

도동
건물들로 꽉 찬 도동의 모습이에요.

울릉도의 관문, 도동

서면 태하리에 있던 군청이 이전해 온 이후 도동은 울릉도의 정치·행정의 중심지로 발전했어요. 울릉도와 녹노 여행이 모두 이곳에서 시작되고 여객선을 비롯해 유람선·택시·버스·렌터기 등 모든 교통수단이 이곳에서 출발하기 때문에 늘 사람들로 붐벼요. 울릉도 정치와 행정 활동의 대부분이 도동에 집중되어 있어요.

도동항과 시가지

울릉도에 들어오는 배들이 닻을 내리는 항구가 있는 곳이 바로 도동이에요. 울릉도의 관문인 도동은 좁은 골짜기를 따라서 시가지가 길게 형성되어 있어요. 좁은 터에 많은 사람들이 모여 살다 보니 건물이 빽빽하게 들어차 마치 서울의 한 지역에 온 듯한 느낌을 주지요. 특히 여름철에는 다른 지역의 관광객들이 많이 찾아오기 때문에 더욱 북적대지요.

울릉도 여행이 시작되는 도동이에요.

행남 산책로와 행남등대

복잡한 도동 부두 왼쪽 해안에서 행남 등대까지는 산책로로 연결되어 있어요. 이 산책로를 걷다 보면 자연 동굴과 골짜기를 잇는 다리들 사이로 펼쳐지는 옥색의 신비스러운 경치에 감탄하게 될 거예요. 경치가 어찌나 아름다운지 아무 데서나 사진을 찍어도 작품 사진같이 멋지게 나온답니다.

산책로 끝 행남등대에서는 촛대바위와 어우러진 저동항의 절경을 감상할 수 있어요. 해안 기슭 절벽에 세워진 행남등대 역시 울릉도 여행에서 놓쳐서는 안 될 곳이에요. 돌아오는 길은 산길을 따라 울릉군청 쪽으로 나올 수 있는데, 중간에는 섬개야광나무 군락지가 있답니다.

행남 산책로
도동 부두에서 행남등대까지 이어지는 산책로예요.

행남 산책로

섬개야광나무 군락지

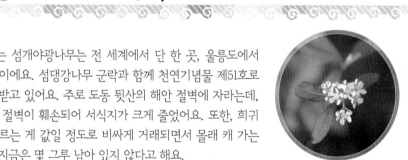

장미과에 속하는 섬개야광나무는 전 세계에서 단 한 곳, 울릉도에서만 자라는 희귀종이에요. 섬댕강나무 군락과 함께 천연기념물 제51호로 지정되어 보호를 받고 있어요. 주로 도동 뒷산의 해안 절벽에 자라는데, 도로 건설 등으로 절벽이 훼손되어 서식지가 크게 줄었어요. 또한, 희귀종이기 때문에 부르는 게 값일 정도로 비싸게 거래되면서 몰래 캐 가는 사람들이 많아져 지금은 몇 그루 남아 있지 않다고 해요.

섬개야광나무

도동 약수공원

　도동 여객선 터미널에서 걸어서 15분 정도 떨어진 골짜기의 막다른 산기슭에 약수탕이 있어요. 이 약수탕의 약수를 마시면 위장병이 낫는다고 하여 사계절 내내 사람들이 붐벼요. 그리고 약수에 설탕을 타면 사이다 같은 맛이 난다고 해요.

　약수탕 바로 아래에는 안용복 장군 충혼비가 있는데, 이곳 일대를 약수공원이라고도 해요. 이곳에 가면 향토 사료관, 독도박물관, 독도 전망대, 유치환의 '울릉도 시비' 등을 볼 수 있어요.

울릉도 약수를 알고 있나요?

도동에는 약수가 있어요. 옛날 옛적 일본인과 싸우던 장군이 죽은 뒤에 사람들이 그 장군의 갑옷을 이 근처에 묻었다고 해요. 갑옷은 쇠로 되어 있었는데 갑옷이 점점 삭아서 흘러내리는 쇳물이 약수가 되었다고 전해져요.

안용복 장군 충혼비
울릉도와 독도를 지켰던 안용복을 기리는 비석이에요.

약수공원
도동에 있는 약수공원이에요.

독도박물관
우리나라 최초의 영토박물관이에요.

독도가 있는 방향을
가리키고 있어요.

독도 전망대

약수공원에서 케이블카를 타고 스카이라
운지에 오르면 독도 방향을 가리키는 노란
화살표가 가장 먼저 눈에 들어와요. 그 뒤
로 삭도 전망대와 해상 전망대가 나와요.
삭도 전망대에서는 가장 번화한 도동이 한
눈에 보여요. 뿐만 아니라 저동, 사동 등 울릉읍
일대가 한눈에 들어와요.

해상 전망대는 해안 쪽으로 10분 정도 내려가야 하는데 날이 좋으
면 망원경을 통하지 않고도 독도를 볼 수 있어요. 사
실, 독도가 보이는 날은 1년 중 50여 일에 불과하다고
해요. 하지만 독도를 볼 수 없다고 실망하지 마세요.
아침에는 동해 바다에서 불끈 솟아오르는 아침 해를 볼
수 있고, 저녁에는 감탄이 절로 나오는 오징어 배들의
활기찬 출어 모습을 볼 수 있답니다.

케이블카

여기서 잠깐!

독도 전망대에서 무엇을 볼 수 있을까요?

다음에서 설명하고 있는 것을 보기 에서 골라 (   ) 속에 써 넣으세요.

| 보기 | • 섬개야광나무 | • 독도 전망대 | • 행남 산책로 |

① 도동 해안가에 있는 산책로로 깨끗한 바다와 기암괴석이 아름답게 어우러져
있어요.   (   )

② 장미과에 속하고, 세계에서 울릉도에서만 자라는 꽃이 무리지어 피어 있어요.
(   )

③ 날씨가 좋으면 이곳에서 망원경 없이 독도를 볼 수 있어요.
(   )

☞ 정답은 104쪽에

울릉도 어업의 메카, 저동

저동은 울릉도에서 가장 오래된 마을 중 하나로 군청이 자리한 도동 못지않게 역사와 전통이 깊은 곳이에요. 노농이 관성과 무요 시설이 모여 있는 정치·행정의 중심지라면 저동은 울릉도 오징어 어획량의 90퍼센트 이상을 담당하는 울릉도 어업의 중심지랍니다. 우리가 좋아하는 울릉도 오징어 대부분이 이곳을 통해 들어오지요.

그 밖에도 울릉도 최고의 폭포라고 할 수 있는 봉래폭포와 내수전 일출 전망대도 빼놓을 수 없는 곳이에요. 그럼 저동을 좀 더 구석구석 살펴보아요.

울릉도 마른오징어는 어떻게 만들까?

❶ 오징어 배의 입항

❷ 경매에 부쳐지는 오징어

❸ 오징어 배 따기

❹ 큰 꼬챙이에 끼워 물로 씻기

❺ 건조하기

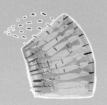

❻ 귀를 뒤집은 뒤 건조하기

효녀 이야기가 담긴 촛대바위

저동항에서 바다쪽을 바라보면 방파제 한가운데 우뚝 솟아 있는 촛대바위를 볼 수 있어요. 이 촛대바위에는 노인과 딸의 전설이 전해 내려와요. 옛날 저동 마을에 한 노인이 아내와 일찍 사별하고 딸과 함께 살고 있었어요. 어느 날 고기잡이를 나간 노인의 배는 심한 풍랑에 쓸려 돌아오지 않았어요. 상심한 딸은 바다만 바라보며 눈물로 며칠을 보냈어요. 그러던 중 왠지 아버지가 돌아올 것 같은 느낌이 들어 바닷가에 가 보니 정말 돛단배 한 척이 들어오고 있었지요. 마음이 급해진 딸은 가만히 기다리고 있을 수 없어서 배가 오는 쪽으로 파도를 헤치고 다가갔어요. 그러나 딸은 지쳐서 파도의 힘을 이길 수가 없었지요. 결국 그 자리에 우뚝 서서 바위가 되었다고 해요. 이후 이 바위를 촛대바위 또는 효녀바위라고 부르게 되었답니다.

촛대바위 주변은
해돋이가 아름답기로
유명하단다.

촛대바위

깨끗한 물줄기가 흐르는 봉래폭포

저동항에서 2킬로미터 정도 걸어 오르면, 봉래폭포가 나와요. 도동에서 출발하면 차를 타고 20분 정도 걸려요. 그리고 봉래폭포 관리 사무소에서 내려서 30분 정도 완만한 계곡을 따라 걸어 올라가야 해요. 고추냉이 자생지, 풍혈 등 중간중간 볼거리가 많아서 지루하지 않게 올라갈 수 있어요.

1934년에 일본인 울릉도 도사가 새로 부임해 왔을 때, 그는 울릉도의 봉래폭포를 보고 경탄한 나머지 잘 개발하기만 하면 제2의 금강산이 될 수 있겠다고 하며 관광 개발지로 선정했다고 해요. 그러고는 울릉도 주민들을 강제로 동원해서 누각을 짓고 바닷가에서 폭포까지 이어지도록 길을 닦고 길 양옆에 삼나무를 심었지요.

봉래폭포는 울릉도의 최고봉인 성인봉으로 오르는 길목에 있는 3단 폭포로, 울릉도 최고의 볼거리로 손꼽히는 장소예요. 벼랑을 타고 비스듬히 흘러내린 물줄기는 원시림으로 시원하게 쏟아져 내리지요. 시원한 물줄기와 폭포를 둘러싼 무성한 나무들이 무척 아름다워 한번 자리를 잡으면 발걸음이 떨어지지 않는답니다.

봉래폭포

삼림욕장

관리 사무소에서 풍혈을 지나 봉래폭포로 가는 길이에요.

천연 에어컨 풍혈

관리 사무소

특히 물맛이 좋고 일 년 내내 일정하게 하루 2500톤의 물이 흘러 내리기 때문에 울릉읍 주민들의 식수를 여기에서 끌어 오기도 해요.

봉래폭포 관리 사무실에서 봉래폭포 쪽으로 50미터쯤 올라가는 길에 '천연 에어컨'이라고도 불리는 풍혈이 우리의 눈길을 끌어요. 여름철에도 바위 틈으로 시원한 바람이 뿜어져 나오는 곳이에요. 아무리 무더운 여름 더위에도 이곳의 바람은 섭씨 4도를 유지하기 때문에 냉장고가 없던 옛날에는 마을 주민들이 과일이나 음식물을 오랫동안 보관하는 곳으로도 사용했다고 해요.

풍혈
여름에도 으슬으슬 서늘한 기운이 느껴지는 풍혈이에요.

 ## 고추냉이 자생지

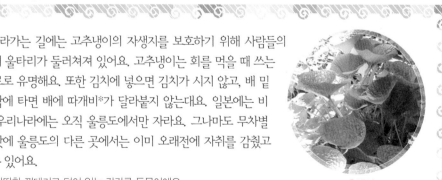

봉래폭포로 올라가는 길에는 고추냉이의 자생지를 보호하기 위해 사람들의 출입을 막는 철제 울타리가 둘러쳐져 있어요. 고추냉이는 회를 먹을 때 쓰는 녹색 양념의 원료로 유명해요. 또한 김치에 넣으면 김치가 시지 않고, 배 밑창에 바르는 물감에 타면 배에 따개비*가 달라붙지 않는대요. 일본에는 비교적 흔하지만, 우리나라에는 오직 울릉도에서만 자라요. 그나마도 무차별적으로 캐냈던 탓에 울릉도의 다른 곳에서는 이미 오래전에 자취를 감췄고 이곳에서만 볼 수 있어요.

* 따개비 : 몸이 딱딱한 껍데기로 덮여 있는 갑각류 동물이에요.

고추냉이

산과 바다가 어우러진 곳, 내수전

울릉도는 새로 개척된 지 백 년이 조금 넘었어요. 이곳에서는 개척 당시 사람들의 이름을 딴 지명들을 많이 볼 수 있어요. 예를 들어 서달령 고개는 '서달래'라는 사람이 그곳에 살아서, 내수전은 '김내수'라는 사람이 이곳에서 밭농사를 지으며 살았나고 해서 붙여진 이름이에요. 원시림으로 덮인 불모지였던 이곳을 변변한 기구 하나 없이 개척했던 사람들의 자랑스러운 이름이지요.

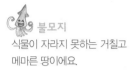

불모지
식물이 자라지 못하는 거칠고 메마른 땅이에요.

내수전은 울릉도의 해맞이 장소로 이름난 곳이에요. 또한 내수전에는 몽돌 해수욕장이 있어서 여름에는 많은 사람이 모여들어요. 모래와 달리 동글동글한 몽돌 위에서 피서를 즐기는 기분 참 재미있지 않을까요?

내수전에는 울릉읍에 전력을 공급하는 화력 발전소가 있어요. 이 발전소는 울릉도에 있는 세 개의 발전소 중에서 가장 큰 규모를 자랑하지요. 내수전에서 20분 정도 걸어 오르면 내수전 일출 전망대가 나와요.

동글동글한 몽돌이 보이는 내수전의 몽돌 해수욕장이에요.

울릉도를 대표하는 꽃, 동백꽃

서로를 아끼고 사랑하는 한 부부가 살았어요. 하루는 남편이 육지에 갈 일이 생겨서 섬 밖으로 나가게 되었죠. 그러나 여러 달이 가고 해가 바뀌어도 남편은 돌아오지 않았어요. 아내의 간절한 기다림은 점점 가슴의 응어리가 되어 병이 되었고, 숨을 거두고 말았어요. 그런데 아내의 장사를 지낸 날 남편이 돌아왔어요. 남편은 아내가 묻힌 묘지로 달려가 목 놓아 울었어요. 그 이후에도 남편은 종종 아내의 무덤에 찾아와서 울다가 돌아가곤 했는데, 하루는 아내 무덤 위에 못 보던 조그마한 나무가 있는 것이 눈에 띄었대요. 그리고 그 나무에는 빨간 꽃이 피어 있었다고 해요. 흰 눈이 내려도 얼지 않고, 주변을 빨갛게 물들이는 이 꽃이 바로 지금 울릉도 전체에 분포하고 있는 동백꽃이에요.

일출 전망대 입구에서 10분가량 산을 오르면 전망대에 도착할 수 있어요. 전망대에 올라서면 죽도, 관음도, 저동항이 시원하게 한눈에 보여요. 한쪽으로는 길게 뻗은 수평선을, 한쪽으로는 웅장하게 솟은 성인봉을 볼 수 있어 산과 바다의 절경을 한번에 감상할 수 있답니다. 이곳에서도 맑은 날이면 독도를 볼 수 있어요. 한편, 이곳과 북면에 있는 석포 마을 사이를 잇는 해안 일주 도로 공사가 한창이에요. 해안 일주 도로 구간 가운데 완공되지 않은 유일한 구간이거든요. 이곳은 지형이 너무 험해서 공사가 쉽지 않다고 해요. 그래서 옛 정취와 울릉도 개척민들의 숨결을 느낄 수 있는 산길이 남아 있어요. 여러분들도 해안 일주 도로가 만들어지기 전에 이 옛길을 한번 걸어 보세요. 나중에 멋진 추억이 될 거예요.

저동항 앞바다가 넓게 펼쳐져 있어요.

내수전 일출 전망대에서 바라본 모습이에요.

저동항

북저바위

대나무에 둘러싸인 섬, 죽도

　죽도는 울릉도의 주변 섬들 중에서 가장 커요. 전체 면적이 축구장의 10배가 넘을 정도로 크고, 섬 가장자리가 해발 116미터의 깎아지른 듯한 절벽으로 되어 있어 접근하기가 쉽지 않아요. 죽도는 절벽으로 둘러싸여 있어 멀리서 보면 마치 탁자같이 생겼어요. 이 섬에 올라가려면 나루터에서 365개의 계단으로 된 나선형 계단(일명 달팽이 계단)을 지나야 하는데, 경사가 상당히 가파르답니다.

　죽도에는 현재 한 가구가 살고 있어요. 지금 살고 있는 사람은 할아버지와 아들, 이렇게 두 명이에요. 원래는 할머니, 할아버지, 아들 이렇게 세 식구가 살았는데 몇 해 전에 할머니께서 약초를 캐다가 절벽에서 떨어져 목숨을 잃고 지금은 할아버지와 아들만 살고 있어요. 그때 할머니의 죽음을 안타까워하며 울릉도 주민 전체가 조의금을 냈다고 해요.

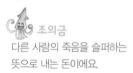

조의금
다른 사람의 죽음을 슬퍼하는 뜻으로 내는 돈이에요.

죽도에서는 어떻게 전기를 사용해요?

죽도에는 자가 발전소가 있어서 전기를 직접 생산한단다.

죽도
네모난 탁자처럼 보이는 죽도의 모습이에요.

→ 나선형 계단

죽도는 '대나무 섬'이라는 이름답게 섬 전체에 대나무가 자라고 있어요. 나선형 계단을 올라서는 순간부터 대나무 숲이 시작되는데, 어른 키보다 큰 대나무들이 마치 터널처럼 숲길을 이루고 있어요. 특히 바다에서 바람이 불면 사각사각 소리가 나 더욱 운치 있게 느껴져요. 죽도에는 섬 전체를 한 바퀴 도는 산책로가 잘 조성되어 있어요. 이 산책로에는 곳곳에 의자가 놓여 있어 쉬어 갈 수 있게 되어 있답니다. 특히 전망대에서 울릉도를 바라보면 웅장한 해안 절벽과 성인봉 능선을 한눈에 감상할 수 있어요.

나선형 계단
경사가 가파른 달팽이 모양의 계단이에요.

죽도에서 바라본
울릉도의 모습이에요.

울릉도

울릉도의 미래, 사동

다시 도동으로 돌아와 반대편 길로 30분 정도 걸으면 사동이 나와요. 모래가 많아서 '모래 사(沙) 사'를 써서 사동이라고 해요. 울릉도 해안은 대체로 경사가 급한 해안 절벽과 암석으로 되어 있는데, 이곳 사동만큼은 모래가 많고 경사가 완만한 편이에요. 게다가 터가 넓고 시야가 탁 트여 있기 때문에 울릉도에서 가장 큰 휴양지가 자리를 잡았지요. 또한 최근에는 도동항을 대신하게 될 큰 항구도 이곳 사동항에 꾸미고 있어요. 다가올 미래에 울릉도의 중심으로 사동이 떠오르고 있답니다. 예전에는 도동에서 사동까지 가려면 88도로라고 불리는 1.6킬로미터의 나선형 도로를 이용해야 했어요. 경사도 급하고 커브도 심했지요. 그런데 2008년에 울릉터널이 완공되면서 이제는 10분이면 도동에서 사동을 갈 수 있게 되었어요.

휴양지
편안히 쉬면서 몸과 마음의 건강을 돌보기에 알맞은 곳이에요.

흑비둘기 이야기

흑비둘기

울릉도의 해안에는 후박나무 숲이 있어요. 그리고 천연기념물로 지정된 흑비둘기의 서식지가 있지요. 천연기념물 제215호로 지정된 희귀보호종인 흑비둘기는 후박나무 숲에서만 살아요. 흑비둘기는 비둘기의 한 종으로 주로 우리나라와 일본 등지에 살고 있으며, 울릉도, 제주도, 남해안의 일부 섬 지역에서 볼 수 있어요. 흑비둘기는 후박나무 숲을 둥지로 삼고 있어서 후박나무를 보호하는 것은 곧 흑비둘기를 보호하는 것이랍니다.

1936년에 일본인 학자가 암컷 한 마리를 채집하여 학계에 보고하면서부터 울릉도의 흑비둘기가 세상에 알려졌어요. 조사 결과, 후박나무의 열매가 익는 7월 하순부터 8월 하순 사이에 후박나무 열매를 먹기 위해 바닷가의 후박나무에 흑비둘기가 규칙적으로 찾아드는 것으로 밝혀졌어요. 이곳의 후박나무는 흑비둘기가 살아가는 터전과 먹이의 보호를 위해 천연기념물로 지정하여 보호하고 있답니다.

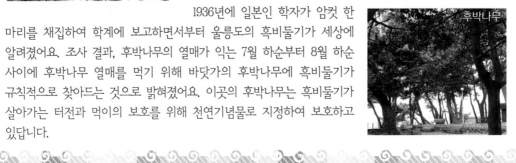

후박나무

미래의 울릉도 모습은 어떨까요?

우선, 사동에 대규모의 항구와 경비행장이 들어서서 훨씬 더 찾아 가기 쉬워질 거예요. 현재 경상북도는 사동항에 동해안을 가로지르는 거점 항구를 만들고, 항로도 늘릴 계획을 가지고 있어요. 사동과 통구미 사이에 경비행장이 만들어져서 앞으로는 비행기를 이용해서도 울릉도에 갈 수 있을 거예요.

또한 볼거리, 즐길거리도 더욱 풍부해질 거예요. 서면 태하마을과 북면 현포리 해안에는 해양 레저 시설과 수중 관광 · 해양 체험 테마 파크가 만들어지고, 해양 연구 시설이 들어서서 더욱 체계적인 해양 연구도 이루어질 예정이에요.

관음도와 본섬 사이에는 150미터의 구름다리가 설치되고, 죽도와 관음도를 거쳐 삼선암을 잇는 해상 관광 코스도 개발될 예정이에요. 또한, 울릉도 주민들의 숙원인 해안 일주 도로의 완공도 이루어질 거예요. 앞으로 우리 곁에 더욱 가깝고 신비로움이 가득한 울릉도로 거듭날 거예요.

숙원
오래전부터 품어 온 염원이나 소망을 뜻해요.

여기서 잠깐!

울릉도에 있는 식물에 대해 알아보아요.

다음에서 설명하는 식물과 사진을 바르게 연결하세요.

울릉도에서만 피어나는 장미과의 식물이에요.

회를 먹을 때 쓰는 녹색 양념의 원료로 쓰이는 식물이에요.

흰 눈이 내려도 얼지 않고 피어나는 꽃이에요.

천연기념물로 지정된 흑비둘기가 주로 생활하는 나무예요.

☞ 정답은 104쪽에

울릉도의 역사가 살아 숨 쉬는 서면

울릉도 서쪽에 있는 서면은 남양리, 남서리, 태하리로 나눌 수 있어요. 서면의 태하는 울릉군청이 이전하기 전에 오랫동안 울릉도의 중심이었던 곳이에요. 예로부터 왕에게 올렸던 특산물 황토와 향나무로 유명해요.

남양은 과거 우산국의 발자취로 가득 찬 곳이에요. 산과 바위 등의 이름들이 우산국에서 유래된 것이 많지요. 또한 남서는 울릉도에 처음 살았던 사람들의 무덤이 있는 곳이에요.

자, 그럼 서면으로 가 볼까요?

오징어를 말리는 어부

나팔등마을의 산채밭

우산국의
역사 속으로 풍덩!

통구미 마을

대풍감에서 바라본 서면의 모습이에요.

볕이 잘 드는 마을, 남양

남양이라는 지명은 '햇볕이 가장 잘 드는 남쪽 마을'이라는 뜻이에요. 햇볕이 잘 들고 날씨가 따뜻해서 울릉도에서 눈이 가장 먼저 녹는 곳이라고 해요.

거북이가 사는 마을, 통구미

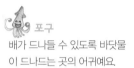

포구
배가 드나들 수 있도록 바닷물이 드나드는 곳의 어귀예요.

사동에서 해안 일주 도로를 따라서 차를 타고 5분 정도 가다 보면 통구미 포구가 보여요. 통구미 포구 앞에는 거북이를 닮은 거북바위가 있어요. 거북 모양의 바위가 마을을 향해 기어가는 듯한 모양을 보고 거북이가 들어가는 통과 같다고 하여 '거북 구(龜)' 자를 써서 통구미라고 불리게 되었어요. 통구미 암벽에는 울릉도의 특산물인 향나무 자생지가 있어요. 향나무는 불에 태우면 강한 향을 내기 때문에 예로부터 제사 때 향으로 귀하게 사용되었을 뿐만 아니라 연필, 장식, 조각의 재료로도 많이 사용되고 있어요. 통구미 향나무 자생지는 천연기념물로 지정되어 보호받고 있어요.

통구미 향나무 자생지

향나무가 자라는 암벽 아래에는 통구미 터널이 뚫려 있어요. 통구미 터널 입구에는 육지의 터널 입구에서 볼 수 없는 신호등이 눈에 띄어요. 통구미 터널은 폭이 좁아 자동차 두 대가 동시에 지나갈 수 없기 때문에 교대로 지나가도록 입구에 신호등이 있답니다.

통구미 터널
울릉도에서만 볼 수 있는 터널 앞 신호등의 모습이에요.

신호등의 신호 주기는 육지의 신호등보다도 훨씬 더 길기 때문에 파란 불을 놓치면 한참 동안 기다려야 해요. 혹시 신호에 걸려 기다리는 일이 있더라도 신기하고 재미있는 울릉도의 명물로 받아들이며 느긋하게 신호를 기다려 보세요.

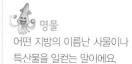

명물
어떤 지방의 이름난 사물이나 특산물을 일컫는 말이에요.

우산국의 마지막 싸움터, 골계

남양리의 원래 이름은 '돌이 깨어져 골이져 있는 곳'이라는 뜻의 골계였어요. 비파산 양쪽 허리에 돌이 깨어져 골이 나 있는 것을 보고 붙인 이름이지요.

골
산과 산 사이에 움푹 패어 들어간 곳이에요.

남양리에는 우산국에서 유래된 시명의 바위와 봉우리가 많아요. 남양 포구에 있는 사자바위, 투구봉, 국수바위 등이 모두 우산국의 발자취를 전해 주는 지명이에요.

이곳에는 우산국의 우해왕과 신라 장군 이사부의 이야기가 얽혀 있어요. 신라 시대 이사부는 지증왕의 명을 받들어 우산국 정벌에 나섰어요. 상대는 동해 한가운데 자리하며 바다를 호령하던 우해왕이었지요. 이사부와 우해왕이 전투를 벌였던 장소가 바로 이곳 골계예요. 첫 번째 전투에서 이사부는 바다에서 하는 싸움에 능했던 우해왕에게 크게 패하고 말아요. 하지만 두 번째 전투에서는 이사부의 전략으로 마침내 우산국을 정벌하지요.

사자바위
이사부의 전략에 이용되었다는 나무 사자 이야기가 전해 내려와요.

이때 이사부의 전략에 사용되었던 나무 사자가 사자바위가 되고, 우해왕이 벗은 투구가 투구봉이 되었다고 해요. 우해왕을 마지막으로 우산국은 신라에 속하게 되지요. 그러니까 골계는 우산국의 마지막 전투지인 셈이에요.

투구봉
우해왕이 벗어 놓았다는 투구가 봉우리가 되었대요.

주상 절리
마그마의 냉각으로 응고됨에 따라 부피가 수축해서 생기는 다각형 기둥 모양의 금을 말해요.

비파
현악기의 하나로 기타와 비슷하게 생겼어요.

남양리 뒤편에 있는 비파산은 산자락에 둘러쳐진 주상 절리가 마치 국숫발처럼 생겼다고 해서 국수산으로 불리기도 하지요. 우산국의 마지막 왕인 우해왕에게는 사랑하는 왕비인 풍미녀가 있었어요. 둘 사이에는 별님이라는 딸도 있었지요. 그런데 풍미녀가 딸 하나를 남기고 세상을 떠났어요. 우해왕은 사랑하는 왕비의 죽음을 슬퍼하여 뒷산에 병풍을 치고 대마도에서 데려온 열두 명의 시녀에게 매일 비파를 뜯게 하고 백일 동안 제사를 지냈어요. 그 이후로 '비파산'이라고 부르게 되었다는 전설이 전해져요.

주상 절리로 둘러싸인 비파산

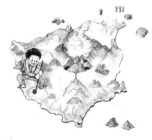

아름다운 해안가가 있는 남서

남서리 고분
울릉도에서 가장 규모가 큰 고분군 중에 하나예요. 고분의 형태가 잘 남아 있어서 경상북도 기념물로 지정되어 있지요.

남서리에서는 삼국 시대의 무덤으로 알려져 있는 남서리 고분과 사태감, 수층 터널, 태하령을 살펴볼 수 있어요. 남양리 버스 정류장에서 나팔등 쪽으로 30분 정도 오르면 작은 마을이 하나 나오는데, 그 뒤편에 고분이 자리 잡고 있어요. 고분은 모두 산중턱을 깎아 평평하게 기단을 쌓고 그 위에 시신을 안치하는 돌곽을 만든 뒤 돌로 봉분을 쌓아 만든 돌무덤이에요.

남양과 구암 사이의 해안을 '사태감', '사태구미'라고 부르는데 대규모의 산사태가 자주 발생하기 때문에 붙은 이름이지요. 지난 2003년에 이곳에서는 태풍 매미로 인해 산사태가 일어나서 해안 일주 도로가 끊기기도 했어요. 그래서 산사태가 나더라도 일주 도로가 안전하도록 군데군데 터널을 만들어 두었어요.

봉분
흙을 둥글게 쌓아 올려서 만든 무덤이에요.

울릉도에 태극 도로가 있는 까닭은?

구암 마을에 들어서면 수층교라고 불리는 태극 모양으로 놓여 있는 도로가 있어요. 한참 이어지는 커브길과 두 개의 다리를 위에서 내려다보면 그렇게 보이지요. 뱀이 똬리를 틀면서 올라가는 것 같기도 하고, 태극 문양이 활기차게 움직이는 것 같기도 해요. 험준한 지형에 길을 내기 위해 얼마나 고민을 했는지 엿볼 수 있지요.

수층교

신라 장군 이사부와 우산국 우해왕

우산국의 우해왕은 용맹하고 덕이 있는 훌륭한 왕이었어요. 하지만 대마도에서 대마도주의 딸 풍미녀를 데리고 와 왕후의 자리에 앉힌 뒤부터는 나랏일을 돌보지 않고 그저 풍미녀의 환심을 사는 데만 마음을 쏟았어요. 풍미녀가 딸을 낳자 이름을 '별님'이라고 지어 주고 딸과 부인에게만 몰두했지요. 심지어 사치스러운 왕후의 요구를 들어주기 위해 부하들을 멀리 신라로 보내 노략질을 시키기도 했어요.

우해왕이 풍미녀의 마음을 얻기 위해 부하들을 신라로 보내 노략질을 시켰어요.

우산국 사람들의 노략질에 화가 난 신라의 백성들은 왕에게 우산국을 토벌해 줄 것을 호소하기에 이르렀어요. 그리하여 신라의 지증왕은 이사부에게 우산국을 토벌하라는 명령을 내렸지요. 마침내 우산국에 도착한 신라의 군사와 우산국의 군사 사이에 치열한 격전이 벌어졌어요. 그러나 신라의 군사는 바다에 강한 우산국을 이길 수 없었답니다.

이사부는 이듬해 또 한번 우산국 토벌에 나섰어요. 모든 군선의 뱃머리에 단 나무 사자의 입에서 동시에 불을 내뿜게 하고, 화살을 쏘며 군선을 몰게 했어요. 우산국의 백성과 군사들은 듣지도 보지도 못한 짐승이 입에서 불을 뿜고 있는 모습과 일사불란하게 움직이는 신라 군사들의 전투 의욕에 화들짝 놀랐어요.

"너희가 만약 항복하지 않으면, 이 맹수를 풀어 모두 죽일 것이다."

이사부는 우산국 해안에 이르러 이렇게 위협했어요. 우산국 사람들은 완전히 전투 의욕을 상실했고, 우해왕도 이런 상황으로는 신라를 이길 수 없다고 판단했어요. 결국 우해왕은 신라에게 항복하고 말았어요. 신라는 우해왕을 왕위에서 물러나게 하고, 우산국을 신라의 속국으로 삼아 해마다 공물을 바치라고 요구했어요.

그 당시 이사부가 던진 나무 사자가 굳어 지금의 남양 포구에 있는 사자바위가 되었고, 우해왕이 벗어 던진 투구가 지금의 투구봉이 되었다는 전설이 전해 내려오고 있어요.

신라 장군 이사부가 우산국을 정복했어요.

큰 황토구미, 태하

남서에서 차를 타고 20분 정도 가다 보면 '큰 황토구미'라고 불리는 태하가 나와요. 울릉도 개척 시기에 사람들이 이곳에 이르기 바닷가 산에 황토를 파낸 흔적이 있어서 '큰 황토구미'라고 불렀어요. 나중에 이것을 한자식 지명으로 표현하면서 '태하'로 바뀌었어요. 태하동은 울릉도 개척령이 내려진 이듬해인 1883년 7월에 54명의 개척민이 첫발을 내딛었던 곳이에요. 울릉도의 행정을 총괄하던 치소도 개척기부터 20년 넘게 이곳에 있다가 1907년 도동으로 옮겨졌어요.

치소
'다스리는 곳'이라는 뜻이에요.

울릉도의 롤러코스터, 태하령 고갯길

길이 험하고, 겨울에 눈이 많은 울릉도에서는 택시와 경찰차가 모두 사륜구동이에요. 사륜구동은 앞, 뒤 바퀴 중 한쪽에만 동력이 전달되는 일반 승용차와 달리 앞뒤쪽 네 바퀴에 모두 동력이 전달되

가파른 경사면을 따라 만들어진 태하령의 도로가 보여요.

태하령 고갯길
험준한 울릉도의 지형을 엿볼 수 있는 곳이에요.

기 때문에 험한 산길과 눈길에서 더욱 강한 힘을 낼 수 있지요. 사륜구동 택시와 경찰차가 있는 곳은 우리나라에서 울릉도가 유일해요.

그렇다면 울릉도 택시 기사들도 울릉도에서 가장 가기 싫어하는 곳은 어디일까요? 사륜구동이니만큼 못 갈 곳이 없을 것 같은 울릉도 택시지만, 태하령 고갯길만큼은 쉽게 오르지 못한다고 해요. 굳이 이곳을 가려면 추가 요금을 내야 해요.

태하령은 놀이동산의 롤러코스터와 거의 같은 급경사 구간이 2개나 있어요. 하지만 일주 도로가 완성된 이후에는 태하령 말고 일주 도로로도 갈 수 있게 되었어요.

태하령을 오르는 것은 마치 롤러코스터를 타는 것 같아요.

태하령에 살고 있는 너도밤나무 이야기

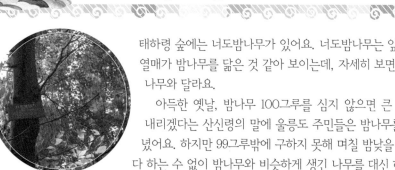

태하령 숲에는 너도밤나무가 있어요. 너도밤나무는 잎과 열매가 밤나무를 닮은 것 같아 보이는데, 자세히 보면 밤나무와 달라요.

아득한 옛날, 밤나무 100그루를 심지 않으면 큰 재앙을 내리겠다는 산신령의 말에 울릉도 주민들은 밤나무를 구하러 다녔어요. 하지만 99그루밖에 구하지 못해 며칠 밤낮을 끙끙 앓았지요. 그러다 하는 수 없이 밤나무와 비슷하게 생긴 나무를 대신 하나 넣어서 100그루를 채웠어요. 그것을 눈치 챈 산신령이 크게 노하여 주민들에게 벌을 내리려는 순간, 무늬만 밤나무인 나무가 "나도 밤나무"라고 외쳤다고 해요. 그러자 산신령이 "너도 밤나무냐?"라고 했어요. 그 이후로 너도밤나무라는 이름이 붙여졌대요.

밤나무

너도밤나무

성하신당 이야기

태하동에 가면 성하신당이 있어요. 그곳에는 가슴 아픈 전설이 서려 있지요. 성하신당의 전설은 조선 시대에 그 뿌리를 두고 있어요. 조선 조정은 1882년 울릉도 개척령을 내리기 전까지 울릉도와 독도에 대해 수토 정책을 유지했어요.

성하신당 내부 모습

조선 시대 안무사* 김인우는 울릉도 거주민을 육지로 데려가기 위하여 태하동에서 울릉도 전반에 대한 순찰을 마쳤어요. 그리고 다음 날 삼척으로 돌아올 작정으로 잠을 청했는데, 기이한 꿈을 꾸게 되었지요. 꿈속에 용왕이 나타나 일행 중 남녀 각각 1명의 어린이를 이 섬에 남겨 두고 가라고 한 거예요.

다음 날이 되어 삼척으로 떠날 채비를 한 김인우는 배에 올랐어요. 그런데 풍파가 강해지면서 도저히 출항할 수 없는 상황이 되었어요. 풍파가 가라앉기를 기다렸으나 바람은 멎을 기미가 없고 점점 심해지기만 했어요. 수일간을 그렇게 기다리던 중 김인우는 문득 며칠 전에 꾸었

김인우는 소년과 소녀를
섬에 두고 출항했어요.

던 꿈이 생각 나 남녀 어린이에게 필묵*을 놓고 왔으니 찾아올 것을 명했어요.

필묵을 찾으러 두 어린이가 급히 숲 속으로 사라지자 멈출 줄 몰랐던 풍랑은 거짓말처럼 멎고 항해에 적당한 바람만 불어오는 것이었어요. 김인우는 서둘러 일행을 재촉하여 급히 배를 출발시킬 것을 명령했어요. 배는 순풍을 받아 순조롭게 나아갔지요. 소년과 소녀는 아무리 찾아도 필묵이 없자 해변으로 다시 돌아왔어요. 하지만 배는 벌써 저 멀리 육지를 향해 나아가고 있었답니다.

그 뒤 김인우는 버리고 온 아이들에 대한 죄의식에 괴로워했어요. 몇 년이 지난 뒤 다시 울릉도를 찾게 된 김인우는 혹시나 하는 기대로 태하에 도착하여 어린이들을 찾기 시작하였어요. 그러나 두 어린이는 꼭 껴안은 채 백골이 되어 있었어요.

김인우는 이 백골을 보고 무척 마음이 아팠어요. 그래서 죽은 아이들의 혼을 달래기 위해 그곳에 조그마한 사당을 지어 제사를 지내고 돌아왔어요. 이 사당이 바로 태하동에 있는 성하신당이에요. 그 뒤 매년 음력 3월 3일에 이 사당에서 정기적으로 제사를 지내며 농사나 어업의 풍년도 기원하고 위험한 해상 작업의 안전도 빌고 있어요. 지금도 울릉도에서는 새로 만든 배를 처음 띄울 때는 태하의 성하신당을 찾아 해상 작업의 안전과 사업의 번창을 기원한답니다.

* 안무사 : 조선 시대에 전쟁이나 반란 직후 민심을 수습하기 위해 파견했던 특사를 뜻해요.
* 필묵 : 붓과 먹을 아울러 이르는 말이에요.

울릉도를 다시 찾은 김인우는 소년과 소녀의
백골을 보고 마음이 아팠어요.

우리나라의 10대 절경, 대풍감

고종 19년(1882), 개척령이 반포되기 이전부터 전라도 사람들 중에는 울릉도에 오가는 사람들이 제법 있었어요. 고기를 잡기 위해서가 아니라 배를 만들기 위해서였죠. 울릉도에는 배를 만들기에 알맞은 나무가 많이 있어서 사람들이 낡은 배를 타고 늘어와서는 새 배를 만들어 돌아가곤 했어요.

그곳이 바로 대풍감이에요. 이곳에서 새로 만든 배로 처음 출발할 때 돛을 높이 달고 강한 바람을 기다리고 있었다고 해서 '대풍감'이라 부르게 되었답니다. 이렇게 바람을 기다리던 배는 바람이 불어 돛이 휘어질 듯하면 도끼로 닻줄을 끊어 한달음에 본토까지 갔다고 해요.

대풍감의 해안 절벽은 우리나라 사진작가 협회에서 뽑은 한국의 10대 절경 중 하나로 꼽히고 있어요. 또한 통구미와 더불어 향나무 자생지가 있어 천연기념물로 보호받고 있어요. 이런 절경을 감상하기 위해서 지금까지는 좁은 산길을 구불구불 올라가야 하는 고생을 했지만, 얼마 전 모노레일이 완성되면서 대풍감 꼭대기에 쉽게 갈 수 있게 되었어요.

절벽의 경사면에는 모진 바람에도 불구하고 꿋꿋하게 지탱하며 살아가는 향나무가 있어요.

대풍감 향나무
자생지

태하 황토구미

황토굴에는 많은 양의 황토가 있어, '황토구미'라고도 불러요. 조선 조정에서는 3년에 한 번씩 울릉도에 순찰을 보냈는데, 이러한 순찰의 증거품으로 황토굴의 황토와 향나무를 조정에 바쳤다고 해요.

태하 황토굴
조선 시대에는 이곳의 황토를 왕에게 바치기도 했어요.

향나무가 가득했던 곳, 향목구미

대풍감으로 가는 모노레일
절벽을 타고 올라가면서 주변 절경을 감상해요.

태하리에서 현포리 쪽에 '향나무재'라고 하는 곳이 있는데, 이규원의 일기에는 '향목구미'라고 기록되어 있어요. 지금은 향나무가 별로 없지만, 1800년대에는 이 산등성이 일대에 잡목이라고는 별로 없고, 오직 아름드리 향나무만 꽉 차 있었기 때문에 그렇게 불렀다고 해요.

 모노레일
선로가 하나인 철도를 말해요.

향나무 이야기

향나무를 '향나무'라고 부르는 이유는 목재를 향을 피우는 데 썼기 때문이에요. 울릉도의 향나무는 모양과 향기가 독특해서 '울향'이라고 불리지요.

울릉도는 예로부터 향나무가 많기로 이름난 곳이에요. 하지만 마구 잡이로 베어 내 지금은 대풍감과 통구미 절벽에만 서식지가 조금 남아 있어요. 울릉도의 향나무는 오랜 세월 동안 다른 지역과 떨어져 특수환 환경에서 진화되었기 때문에 귀중한 학술자료로 쓰여요. 지금은 천연기념물로 지정되어 보호받고 있지요.

향나무

3대 비경이
살아 숨 쉬는
북면

이제부터는 현포령을 넘어 북면으로 가 볼까요?

북면은 현포, 추산, 천부, 나리 등 네 지역으로 되어 있어요. 이제부터는 현포, 추산, 천부를 차례대로 여행할 거예요. 북면에는 송곳 모양으로 생긴 송곳산을 비롯해서 코끼리바위로 알려진 공암, 삼선암, 관음도 등 아름다운 바위와 섬들이 많아요. 이렇듯 북면은 자연의 신비로움을 간직하고 있는 곳이지요.

그럼 북면의 아름다운 자연을 구경하러 떠나 볼까요?

삼선암

관음쌍굴

코끼리바위

송곳산

재미있는
이야기가 담겨 있는
바위들을 만나요!

코끼리바위와 송곳산

아름다운 검은 포구, 현포

현포는 '검은 포구'라는 뜻이에요. 동쪽 촛대바위의 그림자가 바다에 비치면 바닷물이 검게 보이는 것에서 유래되었어요.

코끼리를 닮은 바위, 공암

추산 해변에서 조금 떨어진 곳에 오랜 기간 파도의 침식을 받아 좌우로 구멍이 뚫려져 있는 바위굴 공암을 볼 수 있어요. 멀리서 바라보면 한 마리의 거대한 코끼리가 동해의 바닷물을 마음껏 들이켜고 있는 형상을 하고 있어 '코끼리바위'라고도 불러요.

이 바위는 남양의 국수산과 마찬가지로 주상 절리로 이루어져 있어 마치 돌로 담을 쌓아 올린 것 같아요.

코끼리바위
코끼리가 코를 물속에 넣고 물을 마시는 모양을 하고 있다고 하여 코끼리바위라고도 불려요. 왼쪽에 난 구멍으로는 작은 배가 드나들 수 있어요.

현포항

현포를 한눈에, 현포 전망대

현포령을 넘어 현포로 내려가는 길에는 현포 전망대가 있어요. 전망대에서 서쪽을 바라보면 멀리 대풍감이 보이고 동쪽을 바라보면 앞으로 여행할 현포마을과 현포항이 한눈에 들어와요. 옛날부터 전망이 좋은 곳으로 유명하니까, 현포를 들르기 전에 꼭 사진 한 장 남기는 것 잊지 마세요. 현포 전망대를 나와 10분 정도 걸으면 현포리 고분군을 만날 수 있어요.

천부초등학교 현포분교 남서쪽 산등성이에는 총 40여 개의 고분이 여기저기 흩어져 있어요. 무덤은 기단을 조성하고 중앙에 직사각형의 돌방을 만들어 그 안에 시신을 안치했어요. 봉분은 돌을 쌓아 만든 돌무덤으로 울릉도에서만 볼 수 있는 특이한 형태

현포리 고분군
경상북도 기념물로서
삼국 시대 것으로 추정해요.

랍니다. 둘레가 15미터, 높이가 5미터로 울릉도에 이렇게 큰 고분이 있다는 것이 신기할 뿐이에요. 당시 이 무덤의 주인들이 이 지역에서 얼마나 강한 힘을 가졌었는지를 짐작해 볼 수 있겠죠?

여기서 잠깐!

바위 이름을 알아보아요!

다음 설명에 해당하는 바위 이름을 써 보세요. (   )

멀리서 바라보면 한 마리의 거대한 코끼리가 동해의 바닷물을 마음껏 들이켜고 있는 것처럼 보여요.

☞ 정답은 104쪽에

송곳처럼 우뚝 솟은 추산

추산은 봉우리가 송곳처럼 뾰족하게 솟아 있기 때문에 송곳산이라고도 불려요. 이 송곳산 정상에는 커다란 구멍이 하나 있어요. 이 구멍을 통해 엄청난 용암이 흘러나와 오늘날의 추산이 만들어졌을 거예요.

송곳산
성인봉의 한 줄기로 해안가 근처에 송곳처럼 뾰족하게 솟아 있어요.

추산 용출소와 수력 발전소

송곳산에서 10분 정도 걸어 올라가면 추산마을이 보여요. 추산마을의 알봉 기슭에는 용출소라는 큰 샘이 있어요. 나리 분지에서 땅속으로 스며들어 흐르던 지하수가 바위 틈으로 솟아나 생긴 거예요. 지하수의 힘은 육중한 돌도 밀어 올릴 정도로 그 압력이 엄청나요.

가뭄이 들어도 물이 마르지 않기 때문에 추산마을 주민들은 이 용출소의 샘물로 벼농사를 지었어요. 다만 물이 너무 차가워서 바로 논에 대지 못하고 저수지에 먼저 가두어 물의 온도를 높인 뒤에 썼다고 해요.

울릉도는 이 샘물을 일주 도로 옆에 있는 추산 수력 발전소까지 흘러내리도록 해 전기를 생산하고 있어요. 지금도 추산 수력 발전소에서 울릉도 전력 소비량의 약 22퍼센트를 소화하고 있답니다.

용출소

북면의 중심, 천부

천부는 일본인들이 몰래 들어와 벌목하여 배를 만들던 곳이라 하여 '왜선창', '옛선창'이라고 불렀어요. 조선 후기 울릉도를 개척할 당시 나무를 베어낸 후 천막을 치고 사방을 살펴보니 빽빽이 둘러싼 나무 때문에 아무것도 볼 수 없었다고 해요. 다만 나무를 베어낸 곳만 둥그렇게 보이기 때문에 '천부'라는 이름을 붙였다고 전해져요. 천부는 나리 분지로 올라가는 길이 시작되는 곳이에요. 도동에서 버스를 타면 이곳이 종점이지요.

천부에서 걸어서 5분 정도 가다 보면 서늘한 바람이 느껴지는 풍혈이 있어요. 바위 틈에서 바람이 나와 여행의 피로를 말끔히 잊게 해 준답니다. 아주 더운 여름에도 풍혈 주변에 있으면 온몸이 으슬으슬해진대요.

천부항

풍혈
천연 에어컨 풍혈이에요.

울릉도 최고의 비경, 삼선암

삼선암은 천부에서 30미터 떨어진 바다에 촛대처럼 솟아 있는 바위 세 개를 가리켜요. 공암, 관음도의 쌍굴과 함께 울릉도의 3대 비경으로 꼽히는 기암절경이에요. 옛날 이곳의 경치에 반한 세 선녀가 하늘로 올라갈 시간

삼선암
하늘로 올라가지 못한 선녀의 혼이 서려 있다는 바위예요.

을 놓치자 옥황상제의 노여움을 사서 세 바위로 변했다는 전설이 있어요.

 기암
기이하게 생긴 바위를 말해요.

깍새의 섬, 관음도

깍새섬이라 일컫는 관음도는 울릉도의 여러 섬 가운데 죽도 다음으로 큰 섬이에요. 지형이 평탄한 무인도로, 섬 모양은 마치 왼쪽 발바닥과 같아요. 옛날 해적들이 관음쌍굴을 소굴로 삼아 이곳에 배를 숨기고 있다가 지나가는 배를 약탈했대요.

이 섬이 깍새섬이라 불리게 된 이유에 대한 이야기가 전해져요. 울릉도 개척 당시, 경주에서 건너온 어부 김씨가 관음도 부근의 바다에서 고기를 잡다가 태풍을 만나 이 섬으로 대피했어요. 오랫동안 추위와 굶주림에 떨던 어부가 밤에 불을 피웠더니 수많은 깍새가 날아들었다고 해요. 가까이 내려앉은 깍새를 몇 마리 잡아 구워 먹어 보니 아주 맛이 좋았지요. 그 뒤로 사람들이 이 섬에 깍새를 잡으러 와 깍새섬이라는 이름이 붙게 되었어요. 깍새는 명이와 함께 울릉도 개척민의 목숨을 지켜 준 고마운 먹을거리가 되었지요.

깍새
까치의 일종으로 개척 초기에는 이 새를 잡아 소금에 절여 먹었다고 해요.

소굴
나쁜 짓을 하는 무리가 활동의 본거지로 삼고 있는 곳을 뜻해요.

관음쌍굴
예전에는 해적의 소굴이었어요.

따뜻한 정이 담긴 석포

죽도가 보이는 석포마을 쉼터

천부에서 차를 타고 15분 정도 가면 석포 마을 정상에 닿아요. 석포는 돌이 많다는 뜻이에요. 예전 이곳의 이름은 정들포였는데, 다른 지역으로 옮겨 갈 때 울고 갈 정도로 정든 곳이라는 의미가 담겨 있어요.

울릉도의 해안 일주 도로는 여기서 끝이에요. 다시 울릉읍으로 돌아가는 석포와 내수전 사이에는 아직 일주 도로가 없어요. 울릉도의 모든 행정·편의 시설이 군청이 있는 도동에 집중돼 있기 때문에 태풍 등으로 한쪽 길이 끊어지면 나머지 지역은 완전히 고립되어 이곳 사람들은 일주 도로의 완공을 손꼽아 기다리고 있어요.

하지만 석포와 내수전까지의 옛길은 우리나라의 어느 길보다도 운치 있고, 아름다움을 뽐내고 있으니 일주 도로가 생기기 전에 트래킹하는 것도 좋을 거예요.

트래킹
도보 여행을 말해요.

석포에서 내수전으로 가는 옛길

여기서 잠깐!

현포와 추산의 명물을 살펴보아요.

( ) 안에 들어갈 적절한 말을 보기에서 골라 넣어 보세요.

① 현포의 고분은 ( )에 만들어졌어요.
② 공암은 ( )를 닮은 바위예요.
③ 나리 분지의 지하수가 솟아오르는 샘은 ( )예요.
④ 추산에서는 용출소의 일정한 유량과 낙차를 이용해 ( ) 발전을 해요.

| 보기 | ·코끼리 ·수력 ·삼국 시대 ·용출소 |

정답은 104쪽에

65

울릉도의 먹을거리

울릉도는 푸른 바다가 감싸고 있으며, 때 묻지 않은 자연의 원시림을 가지고 있는 섬이에요. 그래서 이곳에서 나는 나물과 해산물들은 다른 곳에서 맛볼 수 없는 특별함을 가지고 있지요. 지금부터 울릉도의 먹을거리에 대해 알아보아요.

홍합밥

울릉도 1급 청정 해역에서 캐낸 홍합은 크기도 보통 홍합보다 크고, 맛도 훨씬 담백해요. 홍합밥은 홍합에 여러 가지 채소와 참기름을 약간 넣어 지은 밥이지요.

홍합밥

따개비밥

약소불고기

울릉도 호박엿

따개비밥

해안가 바위에 붙어 사는 따개비(삿갓조개)를 캐내어 온갖 양념과 섞어 짓는 밥으로, '삿갓조개밥'이라고도 해요. 전복죽과 더불어 영양식이에요. 따개비를 삶은 국도 시원하고 담백하답니다.

와, 맛있겠다!

울릉도 호박엿

울릉도 호박엿은 방부제를 전혀 넣지 않고, 무공해 울릉도 호박이 30퍼센트 이상 들어가서 다른 엿에 비해 덜 끈적거리고, 이에 달라붙지 않으며, 특히 뒷맛이 고소해요.

산채비빔밥

울릉도 산나물은 눈이 많이 오는 섬 특유의 지질, 기후와 맞물려 그 향이 독특하기로 아주 유명해요. 울릉도의 모든 풀은 약초라고 하는 이유가 여기에 있지요. 널리 알려진 나물로는 울릉 미역취, 섬쑥부쟁이, 고비, 삼나물, 명이, 전호, 땅두릅 등이 있어요.

명이

울릉도에서는 산마늘을 '명이'라 부르는데, 일본에서는 수도승이 즐겨 먹는 자양 강장 식물이라 하여 '행자 마늘'이라고 불러요. 고행을 견딜 수 있는 체력을 키우기 위해 먹는 특별한 음식이라고 해요. 명이에는 섬유질이 많아 장 운동을 자극하기 때문에 장에 있는 독성을 빠져나가게 하고 콜레스테롤 수치를 정상적인 상태로 유지시켜 줘요. 또 대장암 발생률을 낮출 뿐만 아니라 변비도 없애 준다고 알려져 있어요.

생선회

맑고 깨끗한 연안에서 잡은 오징어, 전복, 해삼, 소라 등 울릉도산 어패류는 깨끗한 바다의 해조류를 먹고 자라기 때문에 살이 단단하고 쫄깃쫄깃하여 담백하면서도 입에 착 감기는 감칠맛이 있어요. 오징어 회는 울릉도에서 먹어야 제 맛을 느낄 수 있으며, 손으로 잡은 꽁치로 만든 꽁치 물회도 유명해요.

약소불고기

여름은 서늘하고 겨울은 따뜻한, 해양성 기후가 나타나는 울릉도에는 많은 목초가 자생하고 있어요. 울릉 약소는 자생 목초가 풍부한 이상적인 환경에서 자라 약초 특유의 향이 밴 좋은 육질과 독특한 맛을 자랑하지요. 1998년도에는 울릉 약소 브랜드를 개발하여 현재 1000여 마리를 키우고 있어요.

산채비빔밥

명이

생선회

나리 분지와 성인봉

나리 분지는 울릉도에서 유일한 평야 지역으로 그 넓이가 축구장 300개 정도가 된다고 해요. 화산 폭발 후 화산체가 무너지며 만들어진 칼데라 분지예요. 특히 우리나라에서 가장 많은 눈이 내리는 곳으로, 이에 대비하기 위해 만든 우데기라는 특수한 가옥을 볼 수 있어요. 이중 화산*인 알봉 역시 빼놓을 수 없는 방문 코스랍니다.

성인봉은 울릉도에서 가장 높은 봉우리예요. 나리 분지에서 많은 계단을 올라야 하지만, 오르는 중간에 섬백리향·울릉국화 서식지·성인봉 원시림 등 다양한 볼거리가 있어 즐거운 산행을 할 수 있지요.

그럼 지금부터 나리 분지로 출발!

* 이중 화산 : 화산이 이중으로 만들어진 거예요.
  칼데라 바깥을 이루는 화산과 내부에 생긴 중앙의
  작은 화산으로 이루어져 있어요.

성인봉 원시림

나리 분지

성인봉 원시림
사람의 손때가 묻지 않은 곳이랍니다.

울릉도 유일의 평지, 나리 분지

분지
사면이 산으로 둘러싸인 곳을 말해요.

칼데라
강한 폭발 때문에 화산의 분화구 주변이 무너지면서 생긴 커다란 원형 모양의 우묵한 곳을 뜻해요.

나리 분지는 울릉도에서 유일한 평지로 동서 길이가 1.5킬로미터, 남북 길이가 2킬로미터에 이르러요. 성인봉의 칼데라 화구가 암몰하여 형성된 칼데라 분지예요. 그 안에 다시 분출한 알봉이 있어요. 또한 알봉에서 흘러내린 용암에 의해 북동쪽에는 나리마을, 남서쪽에는 지금은 사람이 살지 않는 알봉마을이 있어요. 나리 분지에 가려면 우선 도동에서 섬을 일주하는 버스를 타고 천부에 가야 해요. 그리고 다시 나리동으로 가는 버스를 타고 10분에서 15분 정도 가면 나와요. 천부에서 나리 분지를 오르는 길은 경사가 급하고 커브가 심해서 멀미가 날 수 있으니까, 꼭 멀미약을 챙겨 먹도록 하세요. 나리 분지로 올라가는 길은 힘들지만, 일단 그곳에 오르면 높은 곳에 탁 트인 평지가 있다는 사실에 입이 딱 벌어질 거예요.

나리 분지와 알봉의 형성 과정

나리 분지와 알봉은 두 번에 걸친 화산 활동으로 생겼어요. 지금부터 그 과정을 살펴보기로 해요.

땅속의 마그마가 폭발해서 화구가 만들어졌어요.

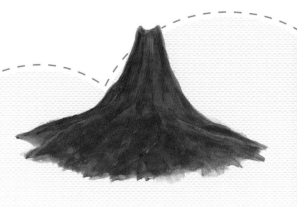

마그마가 굳어 암석이 되면서 생긴 지하 곳곳의 구멍들이 화산체의 무게를 버티지 못하고 무너졌어요.

나리 분지는 어떻게 생겼을까?

 나리 분지는 화산이 폭발한 뒤에 화산체가 무너져 내려 만들어진 칼데라 분지예요. 화산이 폭발하면 마그마가 흘러내려 화산체가 생기지요. 그런데 액체인 마그마가 굳어 고체인 암석이 되면 부피가 줄어들어요. 땅 위에서 굳으면 동굴이 되지만 땅속에서 굳으면 곳곳에 많은 구멍이 만들어진답니다. 땅속의 구멍이 커져서 커다란 화산체의 무게를 버티지 못하면 무너져 버리는데, 그 무너진 모습이 마치 '큰 솥'같아요. 그래서 에스파냐 어로 '큰 솥'이라 는 뜻인 '칼데라'라는 이름이 붙었어요.

나리 분지
울릉도에서 유일하게 넓은 평야인 나리 분지예요.

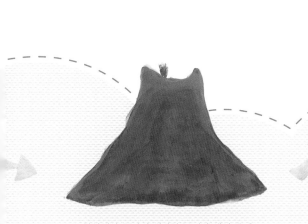

화산체가 무너져 커다란 분지가 생긴 곳에
새로운 화산이 폭발해서 알봉이 생겼어요.

지금의 나리 분지 그리고 알봉의 모습이에요.

나리 분지 주민들은 어떻게 살아갈까?

울릉도의 유일한 평지인 나리 분지는 육지의 평야만큼이나 넓어요. 그래서 나리 분지에는 우산국 시절부터 사람이 살았다고 해요. 하지만 조선 시대 수토 정책으로 울릉도에 주민들이 살지 못하도록 했기 때문에 본격적으로 사람이 살기 시작한 때는 1882년 이후라고 볼 수 있어요. 이때 이주한 사람이 섬말나리 뿌리를 캐서 먹고 살았다고 하여 이곳의 이름을 '나리'라고 부른답니다.

나리 분지를 이루는 땅은 구멍이 많은 지반 위에 화산재와 모래가 덮인 상태이기 때문에 물을 오래 머금지 못해요. 그래서 벼농사를 할 수 없고, 대부분 밭을 갈아 약초나 나물을 재배하지요. 예전에는 이런 약재를 팔아 많은 소득을 얻었지만, 최근에는 중국에서 값싼 한약재가 대량으로 수입되어서 소득이 많이 줄었고, 인구도 많이 줄었다고 해요. 현재 나리 분지에 사는 사람들은 산나물을 캐서 팔거나 민박집, 음식점을 운영하지요.

삼나물무침
울릉도에서만 먹을 수 있는 삼나물무침이에요. 매콤하면서도 감칠맛이 나요.

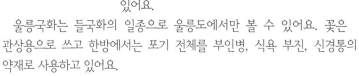

섬백리향, 울릉국화 이야기

나리 분지에서 성인봉을 오르는 길 사이에 섬백리향과 울릉국화 군락지가 있어요. 섬백리향은 6~7월, 울릉국화는 9~10월에 꽃이 피지요.

섬백리향은 울릉백리향이라고도 하는데, 울릉도 바닷가나 나리 분지에 자생하는 것으로 천연기념물 제52호로 지정된 야생화예요. 향기가 백리를 간다는 뜻에서 백리향인데, 그만큼 짙은 향을 내지요. 섬백리향을 말린 뒤 뜨거운 물을 부어 우려내면 향과 맛이 은은한 차를 즐길 수 있어요.

섬백리향

울릉국화는 들국화의 일종으로 울릉도에서만 볼 수 있어요. 꽃은 관상용으로 쓰고 한방에서는 포기 전체를 부인병, 식욕 부진, 신경통의 약재로 사용하고 있어요.

울릉국화

화산 속 또 하나의 화산, 알봉

울릉도는 칼데라 분지이기는 하지만 특이하게도 분지가 만들어진 이후에 다시 한 번 화산이 폭발해 화산체가 한 개 더 생겼어요. 이것이 바로 이중 화산이라고 불리는 알봉 분지예요. 산봉우리가 마치 날짐승의 알처럼 생겼다는 뜻에서 '알봉'이라는 이름을 가지게 되었지요. 알봉 분지는 해발 611미터 되는 산으로, 큰 것과 작은 것 두 개의 알봉이 있어요.

알봉 분지와 나리 분지에는 화구벽을 뚫고 외부로 흘러 나가는 하천이 없어요. 그래서 비가 내린 뒤에는 밖으로 흘러가지 못한 물이 그대로 고여서 얕은 호수를 이루기도 해요.

화구벽
화산의 분화구를 둘러싼 깔때기 모양의 벽을 말해요.

화산이 폭발한 뒤에 화산체가 무너져 내려 만들어진 나리 분지예요.

나리 분지와 알봉 분지가 한 눈에 보여요.

이중 화산이라고 불리는 알봉 분지예요.

울릉도에서 가장 높은 성인봉

해발 984미터인 성인봉은 울릉도에서 가장 높은 곳으로, 산의 모양이 성스럽다고 하여 성인봉이라고 불러요. 섬의 내일 안개에 들기 싸여 있어 신비로움을 더하지요. 이곳에 오르려면 나리 분지에서 4킬로미터 정도 계단을 따라 더 올라야 해요. 성인봉의 정상 부근에는 섬피나무, 너도밤나무, 우산고로쇠나무 같은 희귀 나무가 무리지어 살고 있고, 정상에 오르면 형제봉, 미륵산, 나리령 등 크고 작은 산봉우리를 볼 수 있어요. 고생스럽더라도 꼭 가 보아요.

성인봉 원시림

성인봉 원시림

한반도에는 원시림이라고 말할 수 있는 숲이 모두 사라졌지만, 이곳 울릉도 성인봉의 숲은 자연의 모습 그대로를 간직하고 있어요. 이곳에 이르면 열대 지방의 정글 같으면서도 따뜻하고 포근한 느낌이 들어요. 이 원시림은 1967년에 천연기념물 제189호로 지정되어 보호받고 있지요.

원시림
인간의 간섭을 받은 적 없이 자연 그대로의 모습을 고스란히 간직한 숲을 말해요.

성인봉의 장군터

성인봉에는 발자국이 새겨진 바위가 있어요. 울릉도 사람들은 그 발자국을 보고 바위에 찍힌 발자국이 왼쪽 발자국이며, 나머지 오른쪽 발자국은 육지의 어느 곳에 있다고 이야기하곤 했지요. 또한 그 장군의 풍채가 어마어마하다고 상상했어요.

하루는 육지에서 사람이 와서 이러한 이야기가 전해지는 성인봉 일대를 둘러보고는 성인봉에서 큰 장군이 태어날 듯하며 그 장군이 태어나면 육지가 위험에 처할 것이니, 미리 그 장군이 태어날 만한 땅의 혈맥을 끊어야 한다고 했어요. 사람들이 성인봉에 올랐을 때, 풍수지리를 잘 아는 사람이 "여기다" 하고 가리키자, 거기를 파헤치기 시작했죠. 한 길쯤 파니까 무엇이 불끈 솟았는데 핏줄기였어요. 장군이 태어날 혈맥을 끊은 것이지요. 피는 흐르고 흘러서 바다에까지 흘러내렸다고 해요. 이때부터 울릉도에는 큰 장군이 태어나지 않게 되었답니다. 이 혈맥을 끊은 사람이 일본 사람들이었다고 전해지고 있어요.

우산고로쇠를 아나요?

눈 덮인 성인봉 나무에서 채취하는 '우산고로쇠' 수액은 천연 미네랄을 비롯한 무기물을 풍부하게 함유하고 있고, 몸속 노폐물을 배출하는 기능이 탁월하여 관절염, 위장병, 당뇨병, 고혈압, 피부병 등에 좋아요. 우산고로쇠는 해발 500~700미터 지점의 눈 속에서 뽑아내는데, 특히 독특한 인삼 향이 나는 것이 특징이라고 해요.

울릉도의 축제를 살펴보아요!

울릉도에서 직접 오징어를 잡아요!

'울릉도'를 떠올리면 오징어가 생각나지요? 울릉도 밤바다는 오징어잡이 배들의 불빛으로 아름다운 풍경을 연출하지요. 울릉도에서 이 특징들을 활용해 매년 여름에 오징어 축제를 연답니다. 2001년 8월에 처음 열린 이후부터 관광객과 주민들이 함께 즐길 수 있는 축제로 자리매김했어요. 깊고 푸른 동해 바다에서 오징어를 잡아 보고, 또 오징어 건조 과정에 참여하면서 각종 오징어 요리를 즐길 수 있지요. 주요 행사로는 오징어 조업 체험 승선, 오징어 맨손잡기, 요리 경연, 뗏목 경주, 오징어 마라톤 등이 있어요.

문의 : 울릉도 오징어축제 추진위원회
전화 : (054)790-6392

울릉도에서 전통의 숨결을 느껴요!

울릉도에서는 매년 10월 우산문화제를 열어서 울릉도가 문화의 고장임을 알리고 있어요. 그리고 나아가서는 세계 속의 손꼽히는 관광 명소로 거듭나려고 해요. 동남동녀 선발대회도 열어요.

문의 : 울릉문화원   전화 : (054)791-7233

그네뛰기를 해요!

매년 음력 5월이 되면 울릉도에서는 그네뛰기 대회를 열어요. 여성들의 전통 놀이였던 그네뛰기는 지금은 많이 잊혀졌지요.  하지만 울릉도에서는 전통 놀이문화를 지키고, 이어 가기 위해서 민속 그네뛰기 놀이를 열어요. 특이한 점은 참가자 전원이 한복을 입어야 한다는 사실이에요.

문의 : 울릉문화원   전화 : (054)791-7233

풍어와 풍년을 기원해요!

성하신당에 관련 된 이야기를 기억 하나요? 울릉도에 남겨진 어린 소년 과 소녀의 죽음을 애도하기 위해 지 어진 성하신당과 그 신당제 말이에 요. 지금도 매년 음력 3월 3일이 되면 태하 성하신당에서 풍어 와 풍년을 기원하는 행사가 열린답니다. 어민 들과 농민들은 이때부터 3일 동안 각 마을마다 풍어와 풍년을 기원하는 제사를 드리고, 한 해 고기잡이와 농사를 준비하기 시작하지요.

문의 : 울릉문화원   전화 : (054)791-7233

울릉도와 함께 봄 향기를 느껴요!

나리 분지에 는 많은 작물 과 산나물들 이 살아요. 매 년 4월에 울릉 도 사람들은 울릉도의 봄 향기를 느끼 며 산나물 축제를 열지요. 나리 분지의 더덕과 산나물도 캐고, 쑥떡도 만들어 보는 등 지역 주 민과 관광객이 함께하는 체험 행사를 열어요.

문의 : 울릉군 문화관광체육과
    전화 : (054)790-6374

울릉도의 은빛 풍경을 보아요!

제1회 울릉도 눈꽃축제가 2008년 1월 울릉도 에서 열렸어요. 수많은 관광객들과 지역 주민 들이 축제에 참가했지요. 축제 기간 동안 울릉 도에는 눈이 많이 내려서 눈꽃축제장을 찾은 사람들은 눈꽃이 활짝 핀 울릉도의 아름다운 풍경을 즐겼어요. 눈꽃축제에서는 눈조각 경연 대회, 이글루체험, 스노래프팅, 얼음판 팽이돌 리기, 눈썰매 대회, 아이스 볼링 등 다채로운 행사가 펼쳐졌 지요. 앞으로 울릉도의 눈꽃 축제가 기대되 지 않나요?

문의 : 울릉군 문화관광체육과
전화 : (054)790-6374

울릉도에는 다양한 축제가 열리네요.

희망의 섬, 독도

화산 활동으로 만들어진 독도는 맑은 날에 울릉도에서 눈으로 직접 볼 수 있을 정도로 가까운 곳에 있어요. 그런데 일본은 독도를 억지로 자기네 영토로 만들기 위해 국제 사회에서 독도를 영토 분쟁 지역으로 몰아가고 있어요. 하지만 옛 일본 지도를 보면 독도는 조선 땅이라고 명백히 표기되어 있지요.

독도는 우리가 반드시 지키고 가꾸어야 할 우리의 땅이에요. 독도에 대해 많이 알고, 관심을 갖는 것이 바로 독도 사랑의 첫걸음이지요.

그럼 우리 땅 독도에 대해 알아볼까요?

독도의 유인등대

독도 우체통

한국령 영토 푯돌

대한민국 동쪽 땅끝 푯돌

독도
우리의 소중한 섬이에요.

독도에 가기 전에

도동항에서 독도로 가는 배를 타면 독도에 닿아요. 독도로 가는 배는 날씨에 따라 수시로 바뀌며 운행되기 때문에 미리 전화를 해서 문의하고 예약해 두어야 해요. 배를 타고 독도로 가던 중이라도 날씨가 좋지 않으면 독도 앞에서 뱃머리를 돌릴 때도 있어요.

독도는 주변 자연환경의 보존을 위해 하루에 방문할 수 있는 사람의 숫자를 정해 놓았어요. 그리고 한 번 방문했을 때 머물 수 있는 시간도 30분 정도지요. 짧은 시간에 독도의 많은 것을 보고, 느끼기 위해서는 독도에 대해 미리 알고 가는 것이 중요해요. 아는 것만큼 보인다고 하잖아요.

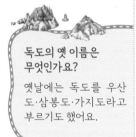

독도의 옛 이름은 무엇인가요?
옛날에는 독도를 우산도·삼봉도·가지도라고 부르기도 했어요.

독도박물관을 찾아서

독도를 찾기 전에 꼭 방문해야 하는 곳이 하나 있어요. 바로 울릉도의 도동 약수공원 안에 있는 독도박물관이에요. 독도박물관은 1997년 8월 8일에 문을 연 국내 유일의 영토박물관으로, 독도 수비대장이었던 홍순칠 대장의 유품과 독도와 관계 있는 지도·서적·유물을 전시하고 있어요. 독도를 이루고 있는 세 봉우리의 형상을 본떠 만들었어요. 독도박물관은 3개의 전시실과 영상실, 그리고 야외 독도박물원으로 꾸며져 있어요. 그럼 독도박물관 안으로 들어가 볼까요?

관람 시간
9시~18시(입장 마감은 17시 30분)

휴관일
연중 무휴(상황에 따라 변경 가능)

문의 054)790-6432~7

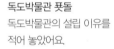

독도박물관 푯돌
독도박물관의 설립 이유를 적어 놓았어요.

제1전시실

제1전시실에는 일본의 영유권 주장을 반박할 수 있는 512년부터 1900년대까지 우리나라와 일본, 그리고 러시아의 자료가 전시되어 있어요.

일본은 독도가 수백 년 동안 일본인이 관리했던 섬이며, 그 기간 동안 어느 나라의 간섭이나 항의도 받은 적이 없이 평화롭게 통치가 이루어졌다고 주장하고 있어요. 하지만 조선 시대 지리지인 '신증동국여지승람(1530년)'의 기록에 나와 있듯이 조선이 울릉도와 독도를 국토로 여기고 있었음을 알 수 있지요.

제1전시실에는 우리나라 자료뿐만 아니라 일본 스스로 독도가 우리 땅임을 인정한 자료도 많이 있어요. 1785년 당시 일본의 대표적인 지리학자 하야시 시헤이가 제작한 삼국접양지도에는 일본을 중심으로 주변 삼국이 각기 다른 색깔로 그려져 있어요. 그런데 조선과 일본 사이 바다 한가운데 있는 섬 두 개를 조선과 같은 색으로 칠해 당시에 일본이 독도를 조선의 영토로 인정했다는 사실을 알 수 있어요. 더구나 왼쪽 큰 섬에는 '조선의 것'이라는 글까지 적어 놓았지요.

1882년 기무라가 만든 지도에도 일본은 붉은색, 조선은 흰색으로 각각의 영토를 구분했어요. 그리고 죽도(울릉도)와 송도(독도)는 조선과 같은 색깔로 표시해서 조선의 땅임을 인정하고 있어요.

삼국접양지도
1785년 일본 사람인 하야시가 그린 지도예요.

'조선의 것'이라고 적혀 있어요.

울릉도와 독도가 조선과 같은 색으로 칠해져 있어요.

동판조선국전도
1882년 일본 사람인 기무라가 만든 지도예요.

제2전시실

　제2전시실에서는 제1전시실에 이어 일본의 옛 지도와 각종 문헌들이 전시되어 있어요. 1894년 청·일 전쟁 당시 만들어진 대일본급조선청국전도는 청나라와 우리나라, 일본의 지도를 매우 정밀하게 표현했어요. 이 지도에서도 독도를 조선의 영토로 표시하고 있음을 알 수 있어요. 이것은 조선의 식민지화가 본격적으로 시작되었다고 할 수 있는 청·일 전쟁 당시에도 일본인들은 독도를 조선의 영토로 여기고 있었음을 말해 주는 것이에요.

　또한 제2전시실에서는 동해 명칭과 관련된 자료가 전시되어 있어요. 일본은 지금 우리의 동해를 '일본해'라 부르고 있어요. 우리 정부의 동해 병기 주장에 대해 일본은 오랫동안 써 왔던 고유 명칭이 일본해이기 때문에 이제 와서 동해를 함께 쓰는 것은 혼란만 가중시킨다며 반대하고 있지요.

　하지만 일본의 옛 지도에서도 19세기 중엽까지는 동해가 '조선해'로 분명하게 표기되어 있어요. 같은 시기에 서양에서 제작된 옛 지도들 역시 대부분 조선해, 혹은 한국해로 표기되어 있어요.

동해 병기 주장
동해와 일본해를 같이 쓰자는 주장이에요.

가영교정 동서지구만국전도
1835년 프랑스인이 제작한 세계 지도를 일본에서 다시 편찬한 지도예요. 세계를 동반구와 서반구로 구분하여 표시하고 조선과 일본 사이의 바다를 조선해로 표기했어요.

'조선해'라고 쓰여 있어요.

제3전시실

제3전시실에는 한국 전쟁이 일어난 후 독도를 다시 점령하려 했던 일본에 맞서 민간인의 신분으로 독도를 지켰던 독도의용수비대의 사진을 전시하고 있어요. 또한 1988년 울릉도 주민들이 결성한 '푸른울릉독도가꾸기모임'의 활동 모습도 전시하고 있어요.

아울러 일본의 독도 관련 연구서들과 자료가 많이 있어 광복 이후 지금까지 계속되고 있는 일본의 집요한 침략 야욕과 이에 대한 우리의 대응 방책을 한눈에 알 수 있어요.

그 밖에 도동 약수공원 안에 있는 약수터와 박물관의 갈림길에는 야외 독도박물원이 자리 잡고 있어요. 울릉도산 자연석 828개로 만든 축대 위에 독도박물관의 설립 취지를 적은 '독도박물관 푯돌'과 '대마도 푯돌'이 서 있어 훌륭한 야외 전시장 역할을 하고 있어요. 특히, 이곳에서 전시물을 관람한 뒤에 케이블카를 타고 독도 전망대에 올라 독도를 바라보면 가슴이 뭉클해져 올 거예요.

대마도 푯돌
대마도가 원래 우리 민족의 영토였다는 것을 나타내고 있어요.

제3전시실

1954년 우리나라에서 발행된 독도 우표

독도의 탄생과 해저 지형

독도는 바다 한가운데에 어떻게 생겨나게 되었을까요? 독도도 울릉도와 마찬가지로 화산 폭발로 만들어지게 되었어요. 울릉도는 약 250만 년 전에 만들어졌으며, 독도는 지금으로부터 약 460만 년 전에 만들어졌어요. 독도가 울릉도보다 한참 형인 셈이지요.

예로부터 독도 주변 바다에서는 해류가 일정하지 않고 곳곳에 소용돌이가 쳐서, 배가 뒤집히는 경우가 많았다고 해요. 독도 주변에서는 왜 이런 일이 발생할까요?

독도의 이름에 관한
두 가지 이야기

하나
독도의 모양이 마치 독
(항아리)을 엎어 놓은 것
같아 붙여진 이름이에요.

둘
돌의 방언이 독이기 때
문에 '돌섬'이라는 뜻으
로 독도라고 부르게 되
었어요.

해수면 위로 떠오른 부분은 독도 전체의 지형에서 아주 작은 부분을 차지해요.

독도

제1해산　　제2해산　　제3해산

독도의 탄생 과정

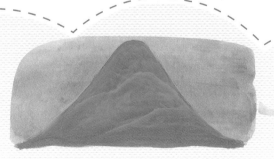

화산 폭발로 깊은 바다에서 분출된 용암이 굳어져 독도의 기초를 이루었어요.

270만 년 전 다른 화산 폭발로 터져 나온 용암이 바닷물과 빗물에 식으면서 섬의 형상을 만들어요.

독도 바다 밑에는 2000미터 이상의 높이로 솟은 3개의 해산이 있어요. 현재 독도를 이루는 섬들은 제1해산의 꼭대기에 해당하고, 독도에서 15킬로미터, 50킬로미터 떨어진 곳에 각각 제2해산과 제3해산이 솟아 있어요. 제2, 제3해산의 정상은 바다 위로 나오지는 못하고 해저 수십 미터에 자리 잡고 있지요. 이 해산 3개의 면적을 모두 합하면 울릉도 면적의 6배나 된답니다. 이렇게 큰 해산이 솟아 있기 때문에 해류가 일정하지 않고 소용돌이가 자주 발생하는 거예요.

해산
바다 속 밑바닥에 원뿔 모양으로 우뚝 솟은 봉우리예요.

독도에도 샘이 있나요?
독도에는 '물골'이라고 불리는 곳이 있어요. 하루에 1000리터의 물이 솟아나지요.

여기서 잠깐!

독도에 대한 O, X 퀴즈를 풀어 보아요.

다음은 독도에 대한 설명이에요. 맞으면 O표, 틀리면 ×표 하세요.
① 독도는 지금으로부터 460만 년 전부터 만들어졌어요. (　　)
② 독도는 울릉도보다 먼저 만들어졌어요. (　　)
③ 독도 주변에는 독도를 포함해서 4개의 해산이 있어요. (　　)

정답은 104쪽에

하나의 섬이었던 독도는 250만 년 전 침식 작용으로 두 개로 나눠져요.

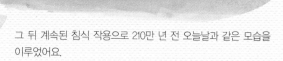

그 뒤 계속된 침식 작용으로 210만 년 전 오늘날과 같은 모습을 이루었어요.

독도에서 살아가는 생명들

독도를 생명이 살 수 없는 바위섬이라고 주장하는 일본측의 주장과는 달리, 현재까지 독도에서는 식물 70~80종과 조류 30여 종, 곤충 53종이 살고 있는 것으로 조사되었어요.

괭이갈매기

괭이갈매기 알

독도 주변 해역에는 어패류와 해조류가 서식하고 있어 새들의 먹이가 매우 풍부해 많은 새들이 날아오지요. 그중 바다제비, 슴새, 괭이갈매기는 천연기념물로 지정되어 보호받고 있는 새들이에요. 또한 멸종 위기 야생 조류로 지정된 매와 말똥가리도 독도에 날아오는 것으로 알려져 있어요.

독도에 사는 사람은 몇 명일까요?

독도에는 경찰인 독도경비대 40여 명과 독도등대 직원 3명, 그리고 울릉도 공무원 2명과 어민 김성도씨 부부가 살고 있어요.

독도 지킴이 이야기

독도에는 삽살개 두 마리가 살고 있어요. 독도경비대원들과 동고동락하는 제3의 경비대원으로 독도를 지키고 있지요. 바로 독도와 지킴이 부부예요. 독도는 지금 강아지들을 낳기 위해 울릉도에 있고, 지킴이가 독도를 찾는 사람들을 반갑게 맞이하고 있어요.

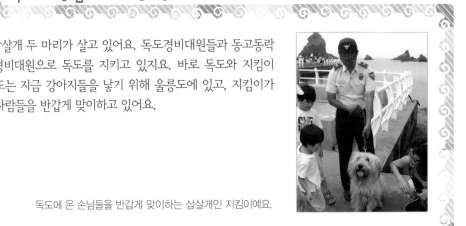

독도에 온 손님들을 반갑게 맞이하는 삽살개인 지킴이예요.

독도 강치라고 들어 봤나요?

독도 강치는 바다사자의 한 종으로 독도를 중심으로 서식했지만 지금은 멸종된 동물이에요. 독도 강치는 바다사자 중에서 가장 영리해 돌고래보다 지능이 높고 덩치도 크다고 알려져 있어요.

독도는 바위가 많고 먹이가 풍부해 한때 강치의 천국이었어요. 그런데 19세기 말부터 일본 어부들이 독도 강치를 잡아 그 가죽으로 안경집, 가죽신 등을 만들었어요. 또 독도 강치의 지방은 항해할 때 불을 피우는 기름으로 이용하고 살과 뼈는 거름으로 이용했어요. 심지어 어린 새끼를 산 채로 잡아 공연에 쓰기도 했답니다. 결국 1960년대에 들어 독도 강치는 멸종되고 말았어요.

일본 사람들이 독도 강치를 잡는 모습이에요.

리앙쿠르 대왕 이야기

독도의 강치잡이가 성행하던 시절, 일본 어부들이 '리앙쿠르 대왕'으로 부르며 두려워한 독도 강치가 있었어요. 리앙쿠르는 서양인으로는 처음으로 독도를 발견한 사람의 이름이에요. 독도 강치는 어부가 발사한 포탄도 두려워하지 않고 그물을 입으로 찢거나 배를 습격하기도 했다고 해요. 그러나 결국 리앙쿠르 대왕도 일본인들의 손에 의해 잡히고 말았지요.

그 당시 독도 강치의 몸길이는 2.88미터, 몸둘레 3.1미터, 체중은 약 750킬로그램에 달했다고 해요. 리앙쿠르 대왕은 박제 표본으로 만들어져 일본의 산베 자연관에서 전시되고 있어요.

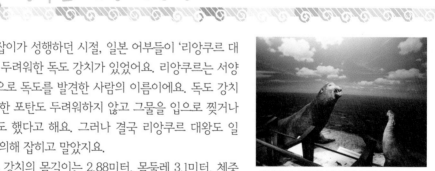

세계에서 유일한 다 자란 독도 강치 표본이에요.

동해의 보물 창고, 독도

독도의 땅값은 서울의 작은 아파트 한 채 값에도 못 미쳐요. 하지만 독도는 단순히 땅값으로 계산할 수 없는 엄청난 가치를 가지고 있어요. 어떤 사람들은 수천 조 이상의 가치를 가진다고 추정하기도 해요. 독도가 가진 보물들을 한번 알아볼까요?

우선, 독도 주변 해역은 한류와 난류가 교차하고 빛이 닿을 수 있을 정도로 수심이 얕아서 해조류를 비롯한 수산 자원이 풍부한 황금어장을 이루고 있어요.

새롭게 주목받고 있는 해양 자원인 해양 심층수를 개발하기에도 좋은 조건을 가지고 있지요. 해양 심층수는 깊이 200미터 아래의 깊은 바다에 있는 물이에요. 위에 있는 바닷물과는 다른 성질을 갖고 있어요.

해양 심층수는 엄마 뱃속에 태아를 품고 있는 양수와 비슷한 성분

아시아 물개의 독도 사랑
아시아의 물개로 알려져 있는 조오련은 2008년 7월, 독도 33바퀴 돌기 대장정을 완수했어요. 3·1 독립 선언서에 서명한 민족 대표 33인의 정신을 이어받아 33바퀴를 돌았다고 해요.

독도의 경제학

독도는 오징어, 명태 등이 풍부한 황금어장이에요.

독도는 엄청난 양의 하이드레이트를 가지고 있어요.

을 가지고 있으며, 화장품 원료와 식수로 각광받고 있는 해양 자원이에요. 우리나라는 중요한 해양 자원인 해양 심층수의 개발을 위해 국립 연구 기관을 설립하여 연구에 힘을 쏟고 있지요.

또한 독도 주변 해역에는 '메탄 하이드레이트'가 묻혀 있다고 해요. 이 자원은 연소할 때 공해 물질인 이산화 탄소를 거의 발생시키지 않아 미래의 에너지 자원으로 많은 관심을 받고 있지요. 러시아 과학원 연구소에서 평가한 독도 주변 '하이드레이트'의 가치는 약 150조 원에 이른다고 해요. 독도의 영유권을 주장하고 있는 일본도 아마 이 사실을 알고 있겠지요?

독도는 또한 학술적으로도 중요해요. 세계적으로 바다 밑의 화산이 바다 위까지 모습을 드러내는 경우는 흔하지 않거든요. 또한 대개의 화산들은 사람들 때문에 본래의 모습을 간직하기 어려운데, 독도는 원래의 모습을 고스란히 간직하고 있어 해저 화산의 진화 과정을 한 눈에 살펴볼 수 있는 중요한 자료예요.

하이드레이트는 '불타는 얼음'이라고도 불린단다.

독도에도 전기가 들어오나요?

독도경비대는 석유를 사용하는 자체 발전기를 가지고 전기를 생산하고, 독도 등대는 태양열과 발전기를 통해 전기를 공급받고 있어요.

여기서 잠깐!

독도가 가진 보물을 알아맞혀 보아요.

다음 설명과 관계 깊은 자원의 이름을 써 보세요.

① 불타는 얼음으로 불리며 미래의 에너지원으로 주목받고 있어요. 독도 인근에는 150조 원 이상으로 추정되는 엄청난 양이 매장되어 있지요.

(   )

② 양수와 비슷한 성분이 들어 있으며 화장품 원료와 식수로 사용하면 좋아요.

(   )

보기	• 해양 심층수	• 하이드레이트

☞ 정답은 104쪽에

독도와 영해

일본은 독도를 왜 자기네 땅이라고 우기는 걸까요? 조그마한 두 개의 바위섬이 탐이 나서 그러는 걸까요? 일본이 진짜 원하는 것이 무엇인지 알아보아요.

* 배타적 경제수역 : 해안선으로부터 200해리까지의 바다 중 영해를 제외한 영역을 말해요.
* 해리 : 바다 위나 공중에서 긴 거리를 나타낼 때 쓰여요. 1해리는 1,852미터예요.

독도에 망루를 세워라

독도는 동해 한가운데 위치해서 넓은 지역을 한눈에 볼 수 있기 때문에 군사적으로도 매우 중요한 의미가 있어요. 특히 1905년 러시아와 일본 간에 벌어진 전쟁의 최후를 장식한 '동해 대해전'에서 독도의 군사적 가치는 유감없이 발휘되었어요.

일본은 러·일 전쟁이 시작되자 울릉도와 독도의 곳곳에 망루를 세우고 해저 전선을 설치하여 러시아와의 전쟁에 대비했어요. 당시 조선 정부는 중립* 선언을 했지만, 일본은 이를 무시하고 일방적으로 한반도에 망루를 세웠어요.

전력에서 러시아 함대에게 크게 밀린 일본 함대는 독도 망루에서 러시아 함대의 움직임을 세밀하게 살필 수 있어 전투는 일본군의 대승으로 끝났어요.

현재 이 망루 터에는 독도 경비대 막사를 설치하여 독도를 지키는 보루* 역할을 하고 있고, 우리 군 역시 독도에 성능이 좋은 레이더 기지를 설치하여 동해에서 일본군의 움직임을 살피고 있어요.

* 중립 : 어느 편에도 치우치지 않고 중간 입장을 지키고 공정하게 하는 것을 말해요.
* 보루 : 적의 침입을 막기 위해 돌이나 콘크리트 등으로 튼튼하게 쌓은 건물이에요.

지금 독도에는 우리나라 군인이 있어요!

우리 땅인 독도를 지키고 있지요!

독도의 역사를 한눈에

독도의 역사는 울릉도의 역사와 같이 하지요.

독도는 울릉도와 마찬가지로 삼국 시대 이전부터 우리 조상들이 고기잡이를 하고 해산물을 캐내던 곳이에요. 이후 고려 시대에는 여진족과 왜구의 침입으로 울릉도에 살던 사람들이 급격하게 줄어들면서 독도 역시 사람들과 멀어지게 되었지요.

울릉도와 독도가 다시 주목받기 시작한 것은 17세기 말 안용복 사건이 일어난 때부터였어요. 경상도 동래의 어부였던 안용복은 일본에게 울릉도와 독도가 조선의 땅임을 확인받았지요. 이후 조선 조정에서는 울릉도에 정기적으로 관리를 파견해 보고서를 만들어 놓았어요. 그 덕분에 지금 우리는 독도에 대한 기록을 조금씩 찾아볼 수 있게 되었어요.

고종 때 울릉도 개척령이 반포되면서 다시 많은 사람들이 울릉도로 들어오게 된 이후에 독도를 찾는 어민들이 많아졌어요. 1900년에는 칙령 41호로 울릉도 관할 구역에 독도가 있음을 규정하고 반포했어요. 일본 정부도 이러한 사실을 인정하고 있었지요.

칙령 41호
울릉도와 독도는 강원도의 군으로 대한 제국에 속한다. 울릉군수의 관할 구역은 울릉도·죽도·석도(독도)로 한다.

한눈에 보는 독도의 역사

《삼국사기》
512년 신라 장군 이사부는 독도와 울릉도를 다스리던 우산국을 정복하고 통치하기 시작했어요.

《세종실록지리지》
1432년 《세종실록지리지》에는 울릉도에 관한 기록들이 남아 있어요

안용복 동상
1696년 안용복은 일본으로 건너가 울릉도와 독도가 우리나라 땅이라는 확인을 받고, 에도 막부의 문서를 받아 왔어요.

그럼에도 불구하고 일본 정부는 러시아와 전쟁 중인 1905년 2월, 독도를 시마네 현 고시 제40호로 지정해 일본의 영토로 편입시키고 말아요. 그것은 일본이 러시아 함대와의 '동해 대 해전'을 얼마 앞두지 않은 시기에 전쟁 수행과 관련해 독도가 꼭 필요한 요충지였기 때문이에요. 이후 일제 강점기와 한국 전쟁을 거치면서 독도는 고난의 시간을 겪었어요.

마침내, 1952년 이승만 대통령은 독도를 포함한 '평화선'을 선포했어요. 이에 대해 일본이 독도에 대한 영유권을 주장하는 외교 문서를 우리나라에 보내옴으로써 '독도 문제'가 한·일 양국 간의 쟁점으로 떠오르게 되었지요. 이후 한·일 양국 정부는 독도에 대한 자국 영유권을 주장하거나, 상대국 주장에 항의·반박하는 내용의 외교 문서를 주고받으면서 오늘에 이르고 있어요.

그러나 우리나라는 그 이후로도 독도를 실제로 관리해 왔으며, 우리나라 행정 구역에 포함시켰어요. 그럼에도 일본은 해마다 독도에 설치된 시설물과 독도경비대의 철수를 요구하는 외교 문서를 보내오고 있지요. 하지만 우리나라는 독도가 우리 땅임을 전 세계에 알리면서 독도경비대를 두어 꾸준히 독도를 지켜가고 있어요.

시마네 현 고시 제40호
독도는 주인 없는 무인도로서, 지금부터 다케시마로 칭하고 일본 시마네 현에서 관할한다.

 요충지
땅의 모양이나 생김새가 군사적으로 아주 중요한 곳이에요.

 쟁점
서로 다투는 중심이 되는 점이에요.

독도의용수비대
한국 전쟁의 상이용사들로 구성된 독도의용수비대는 1954년 독도를 호시탐탐 노리면서 접근하는 일본의 순시선을 물리쳤어요.

반크
전 세계의 웹사이트에 한국에 대한 정보가 왜곡되거나 잘못 표현된 것을 바로 잡는 단체예요. 독도가 우리나라 땅임을 전 세계에 알리는 활동을 하고 있어요.

〈뉴욕 타임스〉광고
2008년 미국의 유명 일간지인 뉴욕 타임스에 실린 독도 광고예요. 독도에 대한 관심을 불러일으켜 많은 사람들의 후원이 이어지고 있어요.

홍순칠! 독도를 지키다

한국 전쟁을 겪으면서 독도는 한국 정부의 영향력이 크게 미치지 못하는 반면, 일본은 순시선* 정찰*기, 어선 등을 통해 독도를 정찰하고, 독도에 상륙하는 등 독도를 억지로 빼앗으려 했어요. 심지어 독도에 설치되어 있는 한국 영토 푯돌을 없애고 일본 영토 표지판을 설치하기도 했답니다.

홍순칠 대장
홍순칠 대장 동상은 이 모습을 본떠 만들었어요.

이런 상황을 두고 볼 수 없었던 사람이 있었어요. 1953년 4월 20일 육군 특무 상사 출신인 홍순칠이 주인공이에요. 홍순칠은 군대에서 부상을 당해 제대한 상이용사들을 모아 의용수비대를 결성하였어요. 하지만 군인이 아니었던 그들의 전투 장비는 소총 몇 자루가 전부였고, 선박들도 일본 순시선에 비해 보잘것없었어요.

1954년에는 일본 국적의 비행기가 암석에 새겨진 한국령 푯돌에 기관총 사격을 하였고, 며칠 뒤에는 일본 배가 독도에 나타났어요. 이에 홍순칠 대장 등 독도의용수비대는 배에 올라 일본인들을 모두 내쫓았지요.

그러자 일본은 기관총으로 무장한 순시선을 보내 독도 영해를 침범하고 독도를 염탐*하려는 시도를 했어요. 독도의용수비대와 한바탕 전투를 벌이고 물러났지만 일본은 다시 대포를 장착한 더 큰 순시선을 보냈어요. 겨우 소총으로 무장하고 있던 독도의용수비대의 홍순칠 대장은 커다란 나무를 검게 칠해서 대포로 위장했어요. 훨씬 큰 대포가 자신들 쪽으로 향해 있는 것을 본 일본인들은 줄행랑을 놓았지요. 이렇게 독도의용수비대는 1956년 울릉도 경찰이 독도에 올 때까지 일본으로부터 독도를 지켜냈어요.

* 순시선 : 바다의 안전을 위해 바다를 돌아다니며 감독하는 배를 가리켜요.
* 정찰 : 작전에 필요한 자료를 얻으려고 적의 정세나 지형을 살피는 일이에요.
* 염탐 : 몰래 남의 사정을 살피고 조사하는 것을 말해요.

서울의 탑골공원에 있는 홍순칠 대장
동상이에요.

독도의용수비대는 한국 전쟁 이후
혼란스러운 틈을 타서 독도를 노리는
일본인들로부터 독도를 지켜냈어요.

소중한 우리의 섬,
울릉도와 독도 여행을 마치며

울릉도와 독도 여행은 재밌었나요? 우리에게 조금 낯설었던 울릉도와 독도 여행이 끝났어요. 처음 지도를 펼쳤을 때 찾기 힘들었던 곳인데, 지금은 확실히 알겠지요?

우리나라 동쪽 끝에 있는 울릉도와 독도는 화산 활동으로 생긴 섬이에요. 그래서 육지와 다른 식물과 동물, 그리고 특이하고 신기한 암석들과 지형들로 어우러져 있어요. 또한 삼국 시대부터 한반도 역사와 함께해 왔지요. 울릉도와 독도는 오랜 발자취와 멋진 경치를 가진 우리의 소중한 섬이에요.

♪ 그 누가 아무리 자기네 땅이라고 우겨도 독도는 우리 땅

♪ 하와이는 미국땅 대마도는 몰라. 독도는 우리 땅

울릉도 동남쪽 뱃길따라 이백리 외로운 섬하나 새들의 고향 ♪

특히 독도는 주변의 황금어장뿐만 아니라 새로운 자원이 발견되면서 그 중요성이 점점 커지고 있어요. 이런 이유로 독도는 지금 일본이 끊임없이 자신의 영토라고 주장하고 있는 섬이에요. 하지만 옛 지도와 문헌들이 우리나라의 땅임을 입증하고 있지요.

지금 우리가 우리 땅인 독도를 지키기 위해서는 무엇보다 지속적인 관심과 실천이 필요해요. 바로 울릉도와 독도에 대해 좀 더 관심을 기울이고 독도 지키기 운동에 작은 실천이라도 보태는 거예요. 앞으로도 여러분의 마음속에 울릉도와 독도를 품고 계속 응원해 주세요.

나는 울릉도와 독도 박사!

울릉도와 독도를 잘 둘러보았나요? 울릉도에서 본 것과 책에 읽은 내용을 바탕으로 머리에 쏙쏙 들어오는 퀴즈를 풀어 보세요.

❶ 알맞게 연결해 보세요.

행남 산책로 •

• 도동

촛대바위 •

• 저동

국수바위 •

• 남양

너도밤나무 •

• 태하령

수층교 •

• 구암

원시림 •

• 성인봉

투막집 •

• 나리 분지

❷ 도전! 골든벨 O, X 퀴즈

다음 내용을 읽고 맞으면 O표, 틀리면 ×표 하세요.

(1) 독도의 2개 섬 중 독도경비대가 근무하고 있는 곳은 서도예요. ( )

(2) 독도가 우리나라의 고유 영토가 된 것은 조선 시대부터예요. ( )

(3) 조선 시대 때 일본 어부들의 불법 침입에 끝까지 맞서 결국은 우리 땅임을
확인받은 사람은 안용복이에요. ( )

(4) 울릉도에서 가장 높은 봉우리의 이름은 알봉이에요. ( )

(5) 우데기는 울릉도의 중심지인 도동에서 볼 수 있어요. ( )

(6) 동해안의 어업 전진 기지로 오징어잡이 선박이 가장 많은 곳은 저동이에요. ( )

(7) 울릉오다는 바람, 향나무, 물, 돌, 미인을 가리켜요. ( )

❸ 지도 위에 표시해 보세요.

지도에 표시된 지명 중 우데기를 볼 수 있는 곳은 ○, 탁자 모양의 대나무 섬은 △, 울릉도 정치·행정
의 중심지는 □, 그리고 우리나라의 동쪽 끝에 있으며 일본이 침탈 야욕을 보이고 있는 곳은 ☆로 그려
보세요.

☞ 정답은 104쪽에

나는 울릉도와 독도 박사!

④ 알맞은 것끼리 연결해 보세요.

섬백리향
향이 백리까지 간다는 뜻으로 붙여진 이름이에요.

나리 분지
울릉도에서 유일한 평야지역이에요.

코끼리바위
주상 절리로 이루어진 거대한 바위로 마치 코끼리가 물을 빨아들이는 것 같아요.

성하신당
수토 정책을 펼칠 당시 섬에 남겨진 남녀 어린이를 기리기 위해 지은 사당이에요.

대풍감 해안 절벽
한국의 10대 절경 중 하나로 꼽혀요.

통구미 터널
도로의 폭이 좁아 터널 앞에 신호등이 있어요.

죽도
울릉도 주변의 섬 중 유일한 유인도로 나선형 계단을 통해 올라가요.

⑤ 십자말풀이를 해 보세요.

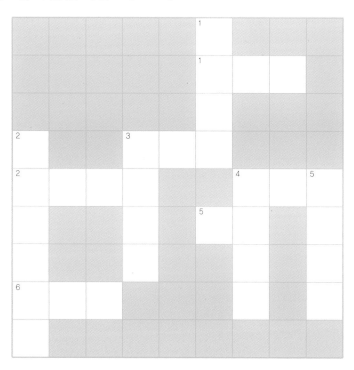

〈가로 열쇠〉

1. 우산국의 우해왕이 왕비인 풍미녀가 죽은 후 매일 비파를 연주했다는 산으로 국수 모양으로 생겨 국수산으로도 불리지요.

2. 화산의 함몰로 칼데라 분지가 생긴 뒤에 다시 한 번 화산 폭발로 만들어진 화산이에요.

3. 울릉도에 내리는 많은 눈에 대비하기 위해 투막집을 둘러싼 특수한 가옥 시설이에요.

4. 울릉도에서 가장 높은 봉우리예요.

5. 울릉도 개척 당시 군청이 있던 곳으로 많은 황토가 출토된대요.

6. 우산국을 정벌한 신라의 장군이에요.

〈세로 열쇠〉

1. 제주도와 남해안 일대에 분포하며 후박나무 열매를 먹고사는 새예요.

2. 독도 근해에 엄청나게 매장되어 있는 미래의 에너지 자원이에요. '불타는 얼음'이라고 불려요.

3. 울릉도에서 자라는 녹차의 이름이에요.

4. 섬에 남겨진 소년과 소녀의 죽음을 애도해서 만든 사당으로 울릉도 주민들은 배를 새로 만들거나 큰일이 생기면 이곳을 찾는다고 해요.

5. 도동과 저동 일대의 식수를 공급하는 3단 폭포로, 울릉도 최고의 볼거리예요.

☞ 정답은 104쪽에

독도 지킴이 포스터를 만들어 보아요!

울릉도와 독도를 답사하고 난 뒤, 어떤 생각이 들었나요? 울릉도와 독도는 우리의 역사가 살아 숨 쉬는 소중한 우리 땅이라는 것을 잘 알겠지요? 그러나 아직도 세계의 많은 사람들이 독도가 대한민국 땅인 것을 잘 모른다고 해요. 울릉도와 독도를 답사한 여러분이 전 세계의 사람들에게 독도가 우리 땅이라는 것을 알려보는 것은 어떨까요? 우리 함께 독도가 우리 땅임을 알리는 멋진 포스터를 만들어 보아요.

포스터란 무엇일까요?

포스터는 광고지 또는 알림 그림이라고 해요. 광고나 홍보를 위한 그림으로 불조심 포스터, 영화 홍보 포스터, 선거 포스터 등과 같이 우리가 흔히 볼 수 있는 광고 중 하나예요. 사람들에게 알리고 싶은 내용을 상징적인 그림이나 사진, 간단한 글귀로 나타내어 널리 알리기 위한 수단이에요.

포스터는 이렇게 만들어요!

1 알리고 싶은 주제 정하기

포스터는 자신이 알리고자 하는 내용을 사진과 그림, 짧은 글귀로 표시하여 나타내기 때문에 알리고 싶은 주제를 잘 정하는 것이 가장 중요해요. 누구나 한눈에 그 뜻을 알 수 있도록 간결하면서도 짧은 내용으로 표현해야 해요. 포스터에 너무 많은 내용을 넣으면 눈에 잘 띄지 않으니 주의하세요.

2 알리고 싶은 내용에 관한 자료 모으기

포스터는 정확한 정보를 간단하게 전달해야 하기 때문에 자신이 알리고자 하는 내용에 대해 확실하게 알고 있어야 해요.

3 문구 정하기

내용을 효과적으로 전달할 수 있는 문구를 만들어요. 자신의 생각을 잘 나타내면서도 기발하고 재치 있는 문구를 써요.

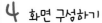

4 화면 구성하기

주제를 잘 표현할 수 있도록 화면을 구성해야 해요. 강조하고 싶은 그림이나, 글귀가 한쪽으로 치우치지 않도록 화면을 잘 나누어서 그려야 해요.

5 재료 정하기

주제를 표현하기에 적절한 그림 재료나 도구를 선정해요. 포스터 물감이나 크레파스, 사인펜 등 다양한 재료를 이용할 수 있어요.

6 그리기

주제가 잘 드러나도록 그림을 그려요. 포스터를 그릴 때는 내용을 잘 표현해 줄 수 있는 3~4가지 색깔이 가장 적당해요. 만약 색깔이 더 필요한 경우에는 너무 튀지 않는 색을 정해서 조화롭게 하도록 해요.

아주 작지만

소중한 우리 섬

기발하고 재치 있는
문구로 주제가 한눈에
들어오도록 했어요.

누가 보아도 독도가
대한민국 땅이라는
사실을 알 수 있게
무궁화를 넣었어요.

3~4가지 색깔로
주제가 잘 드러나도록
그림을 그려요.

덕소초등학교 5학년 김소정

덕소초등학교 5학년 이승주

덕소초등학교 5학년 강주연

덕소초등학교 5학년 최정연

덕소초등학교
5학년 박지민

정답

여기서 잠깐!

13쪽 ③

22쪽 ② → ① → ③ → ④

33쪽 ① 행남 산책로 ② 섬개야광나무 ③ 독도 전망대

43쪽
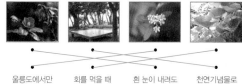

울릉도에서만 피어나는 장미과의 식물이에요. / 회를 먹을 때 쓰는 녹색 양념의 원료로 쓰이는 식물이에요. / 흰 눈이 내려도 얼지 않고 피어나는 꽃이에요. / 천연기념물로 지정된 흑비둘기가 주로 생활하는 나무예요.

61쪽 코끼리바위(공암)

65쪽 ① 삼국 시대 ② 코끼리 ③ 용출소 ④ 수력

85쪽 ① ○ ② ○ ③ ✕

89쪽 ① 하이드레이트 ② 해양 심층수

나는 울릉도와 독도 박사!

① 알맞게 연결해 보세요.

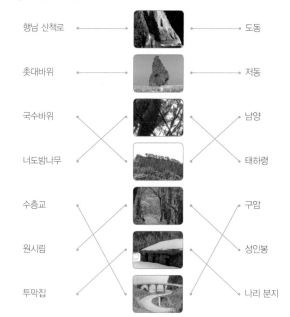

행남 산책로 — 도동
촛대바위 — 저동
국수바위 — 남양
너도밤나무 — 태하령
수층교 — 구암
원시림 — 성인봉
투막집 — 나리 분지

② 도전! 골든벨 o, x 퀴즈

(1) ✕   (2) ✕   (3) ○   (4) ✕

(5) ✕   (6) ○   (7) ○

③ 지도 위에 표시해 보세요.

④ 알맞은 것끼리 연결해 보세요.

섬백리향
향이 백리까지 간다는 뜻이에요.

나리 분지
울릉도에서 유일한 평야지역이에요.

코끼리바위
주상 절리로 이루어진 거대한 바위로 마치 코끼리가 물을 빨아들이는 것 같아요.

성하신당
수토 정책을 펼칠 당시 섬에 남겨진 남녀 어린이를 기리기 위해 지은 사당이에요.

대풍감 해안 절벽
한국의 10대 절경 중 하나로 꼽혀요.

통구미 터널
도로의 폭이 좁아 터널 앞에 신호등이 있어요.

죽도
울릉도 주변의 섬 중 유일한 유인도로 나선형 계단을 통해 올라가요.

⑤ 십자말풀이를 해 보세요.

					흑	
				비	파	산
				둘		
하		우	데	기		
이	중	화	산		성	인	봉
드		녹		태	하		래
레		차			신		폭
이	사	부			당		포
트						

사진 및 참고 사이트

사진

양영훈 2쪽(도동항), 6쪽(현포항), 9쪽(우데기, 일제 강점기 때의 도동), 11쪽(해안 일주 도로), 14쪽(우데기), 23쪽(산마늘 명이), 26쪽(옛 도동 모습), 27쪽(저동항), 29쪽(독도박물관), 30쪽(도동), 31쪽(행남 산책로), 32쪽(도동 약수공원, 안용복 충혼비, 독도박물관), 33쪽(케이블카), 36쪽(봉래폭포), 38쪽(몽돌 해수욕장, 동백꽃), 41쪽(나선형 계단), 42쪽(후박나무), 43쪽(동백꽃, 후박나무), 44쪽(대풍감 전망대, 오징어 말리는 어부, 통구미 마을, 나팔등 산채밭), 46쪽(통구미 향나무 자생지), 47쪽(통구미 터널, 사자바위), 48쪽(투구봉), 53쪽(태하령 고갯길), 56쪽(대풍감 향나무 자생지), 57쪽(모노레일), 59쪽(코끼리바위와 송곳산, 삼선암), 60쪽(현포항), 60쪽(코끼리바위), 62쪽(송곳산, 용출소), 63쪽(풍혈, 천부항), 64쪽(삼선암), 65쪽(죽도가 보이는 석포마을 쉼터, 석포에서 내수전 가는 옛길), 66쪽(홍합밥, 따개비밥, 울릉도 호박엿), 67쪽(약소불고기, 산채비빔밥, 생선회, 명이), 68쪽(성인봉 원시림), 71쪽(나리 분지), 74쪽(성인봉 원시림), 78쪽(독도, 독도 우체통, 독도의 유인등대, 한국령 영토 푯돌, 대한민국 동쪽 땅 끝 푯돌), 86쪽(괭이갈매기, 괭이갈매기 알), 96쪽(독도)

이재완 7쪽(독도), 9쪽(저동항, 현재의 도동), 28쪽(행남 산책로, 죽도), 31쪽(행남 산책로), 35쪽(촛대바위), 37쪽(풍혈, 고추냉이), 39쪽(내수전 일출 전망대), 40쪽(죽도), 41쪽(죽도에서 바라본 울릉도 모습), 42쪽(흑비둘기), 44쪽(고추냉이), 48쪽(비파산), 49쪽(남서리 고분, 수층교), 52쪽(태하령 고갯길), 53쪽(너도밤나무), 55쪽(성하신당 내부 모습), 57쪽(태하 황토굴, 향나무), 59쪽(관음쌍굴), 61쪽(현포리 고분군), 64쪽(관음쌍굴), 68쪽(나리 분지), 72쪽(섬백리향, 울릉국화), 73쪽(나리 분지, 알봉 분지), 76~77쪽(축제 사진), 81쪽(삼국접양지도, 동판조선국전도), 82쪽(가영교정 동서지구만국전도), 83쪽(제3전시실, 독도 우표), 86쪽(지킴이), 93쪽(독도의용수비대), 94쪽(홍순칠 대장)

김한승 28쪽(도동), 33쪽(독도 이정표), 72쪽(삼나물무침), 80쪽(독도박물관 푯돌), 83쪽(대마도 푯돌)

김철환 표지(하늘에서 본 독도)

독도본부 87쪽(강치 잡는 일본 어부, 리앙쿠르 대왕)

울릉군청 76~77쪽(축제 사진)

엔싸이버 15쪽(갓쇼즈쿠리), 31쪽(섬개야광나무), 53쪽(밤나무), 92쪽(안용복 동상), 95쪽(홍순칠 대장 동상)

참고 사이트

독도본부 http://www.dokdocenter.org

사이버독도 http://www.cybertokdo.com

독도수호대 http://www.tokdo.co.kr

독도박물관 http://www.dokdomuseum.go.kr

초등학교 교과서와 관련된 학년별 현장 체험학습 추천 장소

1학년 1학기 (21곳)	1학년 2학기 (18곳)	2학년 1학기 (21곳)	2학년 2학기 (25곳)	3학년 1학기 (31곳)	3학년 2학기 (37곳)
철도박물관	농촌 체험	소방서와 경찰서	소방서와 경찰서	경희대자연사박물관	IT월드(과천정보나라)
소방서와 경찰서	광릉	서울대공원 동물원	서울대공원 동물원	광릉수목원	강원도
시민안전체험관	홍릉 산림과학관	농촌 체험	강릉단오제	국립민속박물관	경희대자연사박물관
천마산	소방서와 경찰서	천마산	천마산	국립서울과학관	광릉수목원
서울대공원 동물원	월드컵공원	남산골 한옥마을	월드컵공원	국립중앙박물관	국립경주박물관
농촌 체험	시민안전체험관	한국민속촌	남산골 한옥마을	기상청	국립고궁박물관
코엑스 아쿠아리움	서울대공원 동물원	국립서울과학관	한국민속촌	서대문자연사박물관	국립국악박물관
선유도공원	우포늪	서울숲	농촌 체험	선유도공원	국립부여박물관
양재천	철새	갯벌	서울숲	시장 체험	국립서울과학관
한강	코엑스 아쿠아리움	양재천	양재천	신문박물관	남산
에버랜드	짚풀생활사박물관	동굴	선유도공원	경상북도	남산골 한옥마을
서울숲	국악박물관	고성 공룡박물관	불국사와 석굴암	양재천	롯데월드 민속박물관
갯벌	천문대	코엑스 아쿠아리움	국립중앙박물관	경기도	국립민속박물관
고성 공룡박물관	자연생태박물관	옹기민속박물관	국립민속박물관	이화여대자연사박물관	삼성어린이박물관
서대문자연사박물관	세종문화회관	기상청	전쟁기념관	전쟁기념관	서대문자연사박물관
옹기민속박물관	예술의 전당	시장 체험	판소리	천마산	선유도공원
어린이 교통공원	어린이대공원	에버랜드	DMZ	한강	소방서와 경찰서
어린이 도서관	서울놀이마당	경복궁	시장 체험	화폐금융박물관	시민안전체험관
서울대공원		강릉단오제	광릉	호림박물관	경상북도
남산자연공원		몽촌역사관	홍릉 산림과학관	홍릉 산림과학관	월드컵공원
삼성어린이박물관		국립현대미술관	국립현충원	우포늪	육군사관학교
			국립4·19묘지	소나무 극장	해군사관학교
			지구촌민속박물관	예지원	공군사관학교
			우정박물관	자운서원	철도박물관
			한국통신박물관	서울타워	이화여대자연사박물관
				국립중앙과학관	제주도
				엑스포과학공원	천마산
				올림픽공원	천문대
				전라남도	태백석탄박물관
				경상남도	판소리박물관
				허준박물관	한국민속촌
					임진각
					오두산 통일전망대
					한국천문연구원
					종이미술박물관
					짚풀생활사박물관
					토탈야외미술관

4학년 1학기 (34곳)	4학년 2학기 (56곳)	5학년 1학기 (35곳)	5학년 2학기 (51곳)	6학년 1학기 (36곳)	6학년 2학기 (39곳)
강화도	IT월드(과천정보나라)	갯벌	IT월드(과천정보나라)	경기도박물관	IT월드(과천정보나라)
갯벌	강화도	광릉수목원	강원도	경복궁	KBS 방송국
경희대자연사박물관	경기도박물관	국립민속박물관	경기도박물관	덕수궁과 정동	경기도박물관
광릉수목원	경복궁 / 경상북도	국립중앙박물관	경복궁	경상북도	경복궁
국립서울과학관	경주역사유적지구	기상청	덕수궁과 정동	고성 공룡박물관	경희대자연사박물관
기상청	경희대자연사박물관	남산골 한옥마을	경상북도	국립민속박물관	광릉수목원
농촌 체험	고창, 화순, 강화 고인돌유적	농업박물관	경희대자연사박물관	국립서울과학관	국립민속박물관
서대문자연사박물관	전라북도	농촌 체험	고인쇄박물관	국립중앙박물관	국립중앙박물관
서대문형무소역사관	고성 공룡박물관	서울국립과학관	충청도	농업박물관	국회의사당
서울역사박물관	충청도	서울대공원 동물원	광릉수목원	롯데월드 민속박물관	기상청
소방서와 경찰서	국립경주박물관	서울숲	국립공주박물관	몽촌토성과 풍납토성	남산
수원화성	국립민속박물관	서울시청	국립경주박물관	민주화현장	남산골 한옥마을
시장 체험	국립부여박물관	서울역사박물관	국립고궁박물관	백범기념관	대법원
경상북도	국립서울과학관	시민안전체험관	국립민속박물관	서대문자연사박물관	대학로
양재천	국립중앙박물관	경상북도	국립서울과학관	서대문형무소 역사관	민주화 현장
옹기민속박물관	국립국악박물관 / 남산	양재천	국립중앙박물관	서울역사박물관	백범기념관
월드컵공원	남산골 한옥마을	강원도	남산골 한옥마을	조선의 왕릉	아인스월드
철도박물관	농업박물관 / 대법원	월드컵공원	농업박물관	성균관	서대문자연사박물관
이화여대자연사박물관	대학로	유명산	롯데월드 민속박물관	시민안전체험관	국립서울과학관
천마산	롯데월드 민속박물관	제주도	충청도	경상북도	서울숲
천문대	몽촌토성과 풍납토성	짚풀생활사박물관	서대문자연사박물관	암사동 선사주거지	신문박물관
철새	불국사와 석굴암	천마산	성균관	운현궁과 인사동	양재천
홍릉 산림과학관	서대문자연사박물관	한강	세종대왕기념관	전쟁기념관	월드컵공원
화폐금융박물관	서울대공원 동물원	한국민속촌	수원화성	천문대	육군사관학교
선유도공원	서울숲	호림박물관	시민안전체험관	철새	이화여대자연사박물관
독립공원	서울역사박물관	홍릉 산림과학관	시장 체험 / 신문박물관	청계천	중남미박물관
탑골공원	조선의 왕릉	하회마을	경기도	짚풀생활사박물관	짚풀생활사박물관
신문박물관	세종대왕기념관	대법원	강원도	태백석탄박물관	창덕궁
서울시의회	수원화성	김치박물관	경상북도	해인사 고려대장경과 장경판전	천문대
선거관리위원회	승정원 일기 / 양재천	난지하수처리사업소	옹기민속박물관	호림박물관	우포늪
소양댐	옹기민속박물관	농촌, 어촌, 산촌 마을	운현궁과 인사동	유니세프 한국위원회	판소리박물관
서남하수처리사업소	월드컵공원	들꽃수목원	육군사관학교	무령왕릉	한강
중랑구재활용센터	육군사관학교	정보나라	이화여대자연사박물관	현충사	홍릉 산림과학관
중랑하수처리사업소	철도박물관	드림랜드	전라북도	덕포진교육박물관	화폐금융박물관
	이화여대자연사박물관	국립극장	전쟁박물관	서울대학교 의학박물관	훈민정음
	조선왕조실록 / 종묘		창경궁 / 천마산	상수허브랜드	상수도연구소
	종묘제례		천문대		한국자원공사
	창경궁 / 창덕궁		태백석탄박물관		동대문소방서
	천문대 / 청계천		한강		중앙119구조대
	태백석탄박물관		한국민속촌		
	판소리 / 한강		해인사 고려대장경과 장경판전		
	한국민속촌		화폐금융박물관		
	해인사 고려대장경과 장경판전		중남미문화원		
	호림박물관		첨성대		
	화폐금융박물관		절두산순교성지		
	훈민정음		천도교 중앙대교당		
	온양민속박물관		한국에너지기술연구원		
	아인스월드		한국자수박물관		
			초전섬유퀼트박물관		

숙제를 돕는 사진

한국령 영토 푯돌

삼선암

투구봉

죽도

도동

독도박물관

숙제를 돕는 사진

관음쌍굴

대풍감 향나무 자생지

코끼리바위

나리 분지

사자바위